Wenn die Seele brennt

Überraschende Perspektiven im Umgang mit Krisen

von

Christian Lüdke
Kerstin Lüdke

2., überarbeitete Auflage

medhochzwei

Bibliografische Information der Deutschen Nationalbibliothek

Die Deutsche Nationalbibliothek verzeichnet diese Publikation in der Deutschen Nationalbibliografie; detaillierte bibliografische Daten sind im Internet über

http://dnb.d-nb.de abrufbar.

Bei der Herstellung des Werkes haben wir uns zukunftsbewusst für umweltverträgliche und wiederverwertbare Materialien entschieden.

Der Inhalt ist auf elementar chlorfreiem Papier gedruckt.

ISBN 978-3-86216-476-9

© 2019 medhochzwei Verlag GmbH, Heidelberg
www.medhochzwei-verlag.de

Satz: Reemers Publishing Services GmbH, Krefeld
Druck: M. P. Media-Print Informationstechnologie GmbH, Paderborn
Umschlaggestaltung: Klinkdesign, Köln
Titelbild: REHvolution.de/photocase

Lüdke/Lüdke (Hrsg.)
Wenn die Seele brennt

Für Liliana und Zoe
unsere Kölsch Mädsche

He fählt nur vum Balkon die Aussicht op d'r Dom

©Liane Metzler

**Wer sich verändern und weiterentwickeln will,
muss die Perspektive von Vertrautem ändern!**

©Liane Metzler

Inhalt

Wenn Sie in diesem Buch einen Druckfehler finden, dann dürfen Sie ihn behalten.

Vorwort zur Neuauflage

Liebe Leserin und lieber Leser!

Leben ist Veränderung. Es gibt schöne Veränderungen und weniger schöne Veränderungen. Beide kann man in einem Wort zusammenfassen: Krise. Eine Krise ist nichts anderes als eine Phase der Entwicklung, Wandlung und Veränderung. Wie wir diese Veränderung bewerten, hängt letztendlich von uns alleine ab.

> » Auch aus Steinen, die einem in den Weg gelegt werden, kann man Schönes bauen.
>
> *Johann Wolfgang von Goethe*

In allem Schlechten gibt es auch etwas Gutes und wenn wir uns darauf konzentrieren, dieses herauszufinden, dann können wir auch durch Krisen persönlich reifen. Krisen sind also nicht *per se* etwas Schlechtes, denn unser Leben besteht fortlaufend aus unterschiedlichen Veränderungen und Entwicklungsprozessen. Schwierige Zeiten im Leben sind selbstverständlich. Wir dürfen nur nicht den Mut verlieren oder die Hoffnung aufgeben, denn nach dem Regen kommt wieder der Sonnenschein. Viele Dinge im Leben können wir nicht beeinflussen und manchmal nimmt unser Leben eine andere Richtung als geplant.

Aber egal, was auch geschieht, so können wir doch selbst bestimmen, wie wir darüber denken und was wir aus der Situation machen.

Hadern Sie nicht mit Ihrem Schicksal, sondern versöhnen Sie sich mit ihm, damit es Ihnen leichter fällt, Ihr Leben wieder in vollen Zügen zu genießen. Wenn Sie die Dinge nicht für selbstverständlich nehmen, dann sind Sie bestens auf das Leben und seine Krisen vorbereitet. Ändern Sie Ihre Perspektive, dann ändert sich Ihre Welt. Krise ist ein produktiver und kreativer Zustand. Wer keine Krise erlebt, verändert nichts im Leben. Manchmal muss man bis an die Schmerzgrenze gehen, um gesund zu werden. Man kann nicht zweimal in denselben Fluss steigen – das bedeutet im übertragenen Sinn, dass wir dieselbe Krise nicht zweimal erleben können, sondern immer wieder Neues und Anderes erleben. Dass sich Dinge im Leben verändern, können wir nicht verhindern.

Wir müssen mit Veränderungen leben. Es ist vollkommen normal, dass uns jede Veränderung im Leben zunächst Angst macht und verunsichert. Auf emotionalen Stress können bereits seit der Steinzeit bei uns Menschen nur drei verschiedene Reaktionen erfolgen: fliehen, kämpfen oder erstarren. Das Schöne an diesen verschiedenen Reaktionen ist, dass fliehen oder kämpfen Handlungsmöglichkeiten für uns darstellen. Wenn Veränderungen anstehen, kann ich selbst entscheiden, ob ich fliehe und mich in mein Schneckenhaus zurückziehe, oder ich mich der Situation stelle und kämpfe. Ich bin somit kein Opfer mehr, sondern aktiver Gestalter meines Lebens, meiner Lebenssituation und meines Lebensglücks. Es bricht nicht irgendetwas schicksalhaft über mich herein, sondern ich kann damit umgehen.

> **》 Was hinter und was vor uns liegt, ist winzig – verglichen mit dem, was in uns verborgen liegt.**
>
> *Ralph Waldo Emerson*

Wer aber sein Leben aktiv in die Hand nimmt, es organisieren, strukturieren und gestalten kann, der hat eine hohe innere Widerstandsfähigkeit und entwickelt ein sehr starkes seelisches Immunsystem. Dann können wir jede Krise überstehen, egal was auch auf uns zukommen mag. Optimismus und positives Denken entwickeln sich dann zu einem Lebensprinzip. Das ist etwas, was uns als Menschen, aber auch in unseren beruflichen Funktionen als Polizeibeamtin und Psychotherapeut, bewegt. Es ist uns wichtig, nicht müde zu werden, den Menschen zu sagen, dass wir uns verändern müssen.

Auf den zweiten Blick entdecken wir überraschende Perspektiven!

© Liane Metzler

Während einer Lebenskrise durchlaufen wir mehrere Phasen: Eine Erahnungsphase, dann kommt die Situation, die unser Leben durchschüttelt, die die Phase der Ablehnung und des Widerstands nach sich zieht: „Nein, das will ich nicht, das kann nicht sein, das kann ich nicht verstehen." Schließlich endet diese Phase in einer Zeit der Resignation und der Verzweiflung. Und wenn wir durch dieses Tal der Tränen gegangen sind, ist die Chance für einen Neubeginn geschaffen und das ist eine tolle Botschaft, die Ihnen Hoffnung, Mut, Trost und Zuversicht vermitteln soll.

Wir laden Sie daher herzlich ein, sich die Bilder näher anzuschauen und auch in den Texten die eine oder andere Überraschung zu entdecken, in Dingen, die wir alle längst kennen, in denen wir aber beim zweiten Blick neue, innovative und überraschende Aspekte finden. Das Leben ist keine Übung. Das Leben ist immer *jetzt*, in jedem Augenblick. Hadern Sie nicht mit Ihrem Schicksal, sondern versöhnen Sie sich mit ihm. Ändern Sie Ihre Perspektive, dann ändert sich Ihre Welt.

Lünen, Köln, im Dezember 2018
Christian & Kerstin Lüdke

© Liane Metzler

1   Philosophie des Buches

Schwierige Zeiten im Leben sind selbstverständlich. Krisen gibt es in jedem Leben: Entwicklungskrisen, Identitätskrisen, Autoritätskrisen, Sexualitätskrisen, Beziehungskrisen, Glaubenskrisen oder Sinn- und Lebenskrisen. Krisen sind Tatsachen des Lebens. Vermutlich erlebt jeder Mensch in seinem Leben früher oder später eine oder mehrere schwere Kränkungen, Beleidigungen, Demütigungen oder seelische Verletzungen in der Familie, in der Schule, im Beruf oder in der Partnerschaft. Emotionaler Stress und Nervenkrisen sind die Folgen. Manchmal folgt daraus sogar ein Trauma. Dann brennt die Seele!

Die Krise zwingt uns regelrecht zur Veränderung, Wandlung und Entwicklung. Das Gute im Schlechten ist, dass wir dadurch persönlich reifen und stärker werden können. Gegen die Ursachen einer Krise können wir oft nichts tun, weil sie uns völlig unvorhergesehen, urplötzlich und überraschend treffen kann.

Aber es gibt in uns Menschen eine Ressource, die stärker ist als jede Lebenskrise – und zwar die Hoffnung und der Glaube an das eigene Lebensglück und an die eigene Kraft. Das Buch in Ihren Händen soll Ihnen einen Ausweg aus der Krise bieten! Es soll Ihnen helfen, von Tag zu Tag stärker und innerlich fester zu werden, so dass Sie sich mehr und mehr Ihren Stärken und Zielen zuwenden können. Profitieren Sie vom reichen Erfahrungsschatz der Autoren. Sie konnten bereits vielen Menschen bei der Bewältigung einer Krise helfen. Auch Sie werden positive Erfahrungen machen, wenn Sie das Gelesene umsetzen. Eine Mischung aus Erkenntnissen aus dem Buch und den neuen Erfahrungen kann Sie zukünftig unterstützen. Vielleicht gelingt es uns mit unseren Tipps, dass Sie sich immer öfter neue Dinge zutrauen. Die nächste Krise kommt zwar bestimmt, aber Sie werden sie dann aus eigener Kraft bewältigen und gestärkt daraus hervorgehen. Hierbei können Humor und manchmal auch der Glaube eine wichtige Rolle spielen. Daher finden Sie in diesem Buch immer wieder humorvolle Sinnsprüche oder Lebensweisheiten, teilweise auch religiösen Ursprungs. Diese sollen Sie mit einem Augenzwinkern daran erinnern, dass der Humor und manchmal auch der persönliche

Glaube eine starke Kraftquelle sein können, aus der Sie wichtige Hinweise für Ihre persönliche Krisenbewältigung gewinnen können. Krisen zwingen uns aus unserer Komfortzone und verändern uns. Wenn wir eine andere Perspektive einnehmen, sehen wir die Dinge anders, können sie anders bewerten und einordnen und einen anderen emotionalen Bezug dazu bekommen. Welchen Rat würden Sie sich heute rückblickend geben? Haben Sie den Mut, Ihre Krisen aus einer neuen Perspektive zu betrachten. Jedes Mal, wenn Sie Ihre Perspektive ändern, ändern Sie Ihre Welt.

Glückauf!

Als Kölschem Mädchen und Kind des Ruhrgebiets ist uns der Gruß „Glückauf" sehr vertraut. Dieser alte Bergmannsgruß enthält zwei Wünsche: Zum einen den, dass die anstrengende und mühsame Arbeit am Ende des Tages zu Erfolg und Lohn führt und zum anderen ist „Glückauf" mit der Hoffnung verbunden, dass man wieder heil aus dem Berg herauskommt.

 In Köln sagt man:

„Et es wie et es" (es ist, wie es ist)

„Et kütt wie et kütt" (es kommt, wie es kommt)

„Et hätt noch emmer joot jejange" (es ist bisher noch immer gut gegangen)

Manchmal fühlt sich unser Leben auch so an, als seien wir unter Tage. Alles ist dunkel und schwarz um uns herum, kein Tageslicht, keine Sonne, nichts. Wir fühlen uns eingeengt und so, als seien wir nicht nur unter Tage, sondern auch unter dem Leben, das gerade oben ohne uns stattfindet. Manchmal schleppen wir im Leben Dinge mit uns herum, die uns belasten und negative Gefühle in uns hervorrufen. Wir alle haben den Wunsch, ohne diesen ganzen Ballast durchs Leben zu gehen und glücklich und zufrieden zu leben und zu arbeiten. Aber manchmal läuft das Leben nicht so, wie wir es uns wünschen. Kränkungen, Demütigungen und Verletzungen in Partnerschaft, Familie, Schule und Beruf sind uns allen nicht fremd. Die Trennung vom Freund oder der Freundin, der Verlust eines geliebten Menschen, die Kündigung, ein Streit oder Einbruch, ein Unfall oder Überfall. Immer, wenn unser Leben eine andere Richtung einschlägt, als wir geplant oder gehofft hatten, können wir starkem emotionalem Stress ausgesetzt sein und akute Nervenkrisen erleben. Plötzlich wird es schwarz um uns herum, so wie um den Bergmann, der in die Grube einfährt. Wir fühlen uns verunsichert, hilflos und verletzt. Das ist normal. Wir finden uns in einer Situation wieder, die auf uns bedrohlich wirkt. Es wird eng. Wir geraten unter Druck. Nach einem ersten Schock können wir uns mit etwas Glück dann berappeln und mit Erfolg und persönlicher Reifung gestärkt wieder am Leben teilnehmen. Egal, wie sehr wir manchmal vom Schicksal mitgenommen und geärgert werden, oder ob das Leben uns in eine dunkle Höhle drückt:

MERKE

Jeder Mensch ist von Natur aus in der Lage, schwierige Zeiten zu überstehen.

Jedes Mal, wenn Sie Ihre Perspektive ändern, ändern Sie Ihre Welt!

© Liane Metzler

Die Ereignisse an sich sind oft nicht das Schlimme, sondern was wir daraus machen und wie wir darüber denken. Alles hat zwei Seiten, so auch die immer wiederkehrenden Nervenkrisen. Machen Sie aus Problemen Lösungen! Vertrauen Sie Ihren eigenen Kräften! Glauben Sie an sich! Es gibt eine Kraft, die stärker ist als alle Nervenkrisen und Schockerlebnisse zusammen: Das ist die Hoffnung und der Glaube an das eigene Leben und die eigene Fähigkeit, mit jedem auch noch so schweren und einschneidenden Lebensereignis alleine zurechtzukommen. Wenn wir dann noch das Glück haben, einen Freund oder eine Freundin zu haben, vielleicht eine Familie, Kinder und eine Arbeit, dann ist das alles, was das Leben zu bieten hat. Sie können sicher sein: *Egal, was es ist, Sie werden es schaffen und stärker werden.*

Diamanten entstehen ja schließlich auch im Dunkeln, tief unter der Erde. Sie sind das härteste bekannte Mineral. „Diamant" lässt sich vom griechischen Wort „adamas" ableiten und heißt übersetzt „unbezwingbar". Diamanten bilden sich im Erdmantel unter hohem Druck und hohen Temperaturen, typischerweise in einer Tiefe von etwa 150 Kilometern. Wenn Ihr Leben also ab und zu unter hohen Druck gerät und es auch mal richtig heiß wird, denken Sie daran: Es kann etwas sehr Wertvolles daraus entstehen. Im Grunde ist ein Diamant auch nur ein Stück Kohle, das die nötige Ausdauer hatte. Und wenn das Leben uns schleift, bekommen wir erst unseren richtigen Glanz.

Fangen Sie heute noch damit an, mit sich selbst befreundet zu sein. Denken Sie positiv, nutzen Sie die Kraft Ihrer Fantasie und finden Sie das Gute im Schlechten.

Machen Sie aus den tiefen, schwarzen Löchern im Leben bunte, flache!

© Andreas Becker

2 Überraschende Perspektiven im Umgang mit Krisen

„Perspektive" heißt laut Duden „Ausblick", „Zukunftsaussicht" und „Blickwinkel". Abgeleitet wurde das Wort vom lateinischen „perspicere", was so viel bedeutet wie „durchblickend". Und wer etwas durchschaut und mit dem Blick durchdringt, sieht die Dinge ganz deutlich, wie durch ein Vergrößerungsglas.

Zauberer und Magier arbeiten mit Täuschungen und Illusionen. Wenn wir einen Trick durchschauen, nehmen wir die Täuschung buchstäblich weg, sprechen also von einer Ent-täuschung. Krisen und Schicksalsschläge enttäuschen uns oft im Leben, was aber nichts anderes bedeutet, als dass wir die Dinge dann wirklich so sehen, wie sie sind und nicht, was wir glaubten zu sehen. Somit helfen uns Enttäuschungen, uns im Leben einfacher und deutlicher zurechtzufinden. Wenn wir also hinter die Kulisse des Zauberers blicken, sind wir zunächst ent-täuscht und sagen uns: „Ach, so geht das, das ist ja einfach, das kann ich auch." Wenn wir einen Magier entzaubern, verstehen wir die Illusion, die er uns zuvor vermittelt hat. Auch unser Leben verläuft manchmal wie eine magische Zauberschau. Wir haben Wünsche, Träume und Illusionen, um unser oft anstrengendes und stressiges Leben erträglicher und leichter zu machen. Es sind die Krisen und Schicksalsschläge, die uns enttäuschen und mit der harten Realität konfrontieren. Diese Enttäuschungen können aber auch etwas sehr Heilsames haben, wenn wir in uns kehren und den Dingen wirklich auf den Grund gehen.

MERKE
Leben ist Täuschung – Vertraue deinem Unbewussten.

Das kann einerseits schmerzvoll und traurig sein, bietet aber gleichzeitig auch die Möglichkeit, über eine Änderung der Perspektive unsere Lebenssituation positiv zu verändern. Die Perspektive ist in gewisser Weise nichts anderes als ein Abbild der Wirklichkeit. Was wir aber von der Wirklichkeit sehen, liegt im Auge des Betrachters. Die traditionelle Lehre von der Perspektive fand so schon früh Einzug in die Malerei und später auch in die Fotografie. Albrecht Dürer war einer der ersten, der die „Technik des zweiten Blicks" in seinen Bildern systematisch einsetzte, was dazu führte, dass man bei längerer Betrachtung seiner Bilder und auf den buchstäblich „zweiten Blick" plötzlich ganz andere und neue Dinge in seinen Bildern erkannte. Dieses Prinzip wollen wir in unseren Fotos und auch in unseren Texten aufgreifen, um Ihnen so die Möglichkeit zu geben, Ihre Krisen wie in einem Spiegel zu betrachten. Durch das Verändern Ihres Blickwinkels zu Lebenskrisen können Sie plötzlich überraschende und neue Dinge darin erkennen, die Ihnen Kraft und Zuversicht vermitteln. Wer immer nur auf den Teller schaut, sieht immer nur auf das, was im Teller ist. Wer aber über den Tellerrand hinausschaut, entdeckt plötzlich vollkommen neue Dinge. Manchmal können wir dann auch vollkommen neue Wege entdecken, von denen wir zuvor glaubten, dass es sie nicht geben kann.

Wer über den Tellerrand hinausschaut, entdeckt plötzlich vollkommen neue Dinge!

© Liane Metzler

PRAXISTIPP

Schauen Sie einmal in den Spiegel und stellen Sie sich vor, wie es wäre, wenn sich Ihr Spiegelbild genau nach Ihren Vorstellungen verändern würde, wie es wäre, den idealen Körper zu haben...

...vielleicht stellen Sie sich aber vor, wie es ist, ganz ruhig und gelassen durch Ihr Leben zu gehen oder wie es wäre, wenn Ihr Leben genauso verlaufen würde, wie Sie es sich ausmalen und dann beobachten Sie in Ihrer Fantasie, wie sich Ihr Spiegelbild genau nach Ihren Wünschen und Vorstellungen verändert. Was Sie sich vorstellen können, können Sie in vielen Fällen dann auch tun.

Oft sind es gar nicht mal die Ereignisse selbst, die wir als so schlimm empfinden, sondern vielmehr die *Art und Weise*, wie wir darüber denken und fühlen und wie andere Menschen darauf reagieren. Vor Jahren beobachtete ich einmal eine Mutter, die mit ihrem Kind durch die Fußgängerzone vor mir herging. Plötzlich stolperte das Kind, fiel hin, schlug sich beide Knie auf und weinte vor Schmerzen – die Hosenbeine waren zudem auch noch kaputt. Die Mutter sah das, aber anstatt das Kind zu trösten, ohrfeigte sie es mit den Worten: „Ich habe dir doch gesagt, du sollst aufpassen, wo du hintrittst!" Besser kann man nicht beschreiben, wie aus einem Drama ein Trauma wird. Das Kind war durch die Schmerzen schon gestraft genug. Wirklich schlimm wurde das Erlebnis für das Kind aber erst durch die Reaktion und das Verhalten der Mutter. Und so erleben wir in unserem Leben immer wieder mehr oder weniger emotional belastende Situationen, die für sich genommen schon schlimm genug sind, die wir jedoch aus eigener Kraft überstehen und verarbeiten. Wirklich traumatisierend werden die Erlebnisse oft erst durch die unmittelbaren Reaktionen der Menschen, die uns umgeben. Wir alle haben früh gelernt, auf 1000-fache Elternbotschaften zu reagieren: „Sitz nicht so da", „Trödel nicht rum", „Sei nicht so laut", „Was sollen die Nachbarn denken?" „Iss deinen Teller auf", „Zieh dir die Schuhe aus", „Mach dich nicht schmutzig" usw.

Oft tragen wir mehr dieser negativen Leitsätze in uns, als positive Glaubenssätze wie: „Ich bin gut", „Ich kann das", „Ich bin liebenswert", „Ich schaffe das" usw. Bei allen schmerzvollen Erfahrungen und Erlebnissen gab es in unserem Leben aber hoffentlich auch wenigstens einen Menschen, der an uns geglaubt hat, der zu uns gehalten hat, egal was passiert ist. Und wenn nicht ein einziger Mensch für uns da ist, reichen wir alleine aus, wenn wir den Glauben an uns selbst nicht verlieren. Ich frage meine Patienten oft: „Was ist das Gute im Schlechten?", und bin erstaunt über ihre Antworten. Selbst Menschen, die schmerzhafteste Erlebnisse durchgestanden haben, finden darin oft noch etwas sehr Positives, das ihren Lebensmut aufrechterhalten hat, was ihnen Kraft gegeben hat und was sie am Ende sogar persönlich hat reifen und stärker werden lassen.

> **》 Der Mensch ist nur ein Netz von Beziehungen, und nur auf sie kommt es an.**
>
> *Antoine de Saint-Exupéry*

Manchmal nimmt das Leben eine andere Richtung, als wir es wollen. Manchmal wird unser ganzes Leben auf den Kopf gestellt und wir stürzen in ein völliges, körperliches, emotionales und soziales Chaos. Nichts ist mehr so, wie es vorher war. Und dennoch können wir auch schlimmste und leidvollste Erlebnisse ganz alleine und aus eigener Kraft überstehen. Therapeuten und Mediziner nennen das *Selbstheilung* oder *Selbstrettung*. Dazu müssen aber bestimmte Voraussetzungen gegeben sein: Zum einen muss eine innere Überzeugung, dass alles gut wird, vorhanden sein und zum anderen braucht man die Fähigkeit, im richtigen Augenblick loszulassen. Was das bedeutet, lesen Sie in diesem Buch. Den wichtigsten Tipp möchte ich Ihnen aber jetzt schon geben: *Vertrauen Sie Ihrer eigenen Kraft mehr als Ihrem Glück!* Sie haben dann beste Aussichten, sich auch nach einem belastenden Ereignis wieder vollständig zu erholen und sich gesund und munter wie ein Fisch im Wasser zu fühlen und nicht wie jemand, dem das Wasser permanent bis zum Hals steht.

Wenn Menschen einschneidende Ereignisse erleben, trifft es sie oftmals wie der Eisberg die Titanic. Manche fühlen sich fast wie taub, „laufen auf Grund" und haben das Gefühl, ihr Leben gleicht einem seelischen Polarmeer mit null Grad. Probleme und Schwierigkeiten tauchen als riesige Eisberge auf, die in dem seelischen Polarmeer umherschwimmen. So fühlt sich das Leben eiskalt und freudlos an. Manche suchen den Weg zu einem Therapeuten. Manche haben Glück und finden einen guten Therapeuten, der noch die alte Hebammenkunst der Psychotherapie beherrscht, der die Kraftquellen des Patienten und seine Ressourcen sucht und zutage fördert.

Viele landen leider auch bei fragwürdigen Psychotherapeuten, die versuchen, die Eisberge der Patienten jahrelang zu analysieren und deren molekulare Zusammensetzung herauszufinden, oder schlimmer noch, die versuchen, die Eisberge zu zertrümmern. Die Folge ist, dass immer mehr fiese, kleine und scharfe Eisbrocken in dem Lebens-Eismeer schwimmen, die einen stören und letztendlich eine wesentliche Verbesserung der Gemütslage verhindern. Gute Therapeuten schaffen es, dass Patienten selbst ihr Lebens-Eismeer um ein Grad erwärmen können: Dann schmelzen alle Eisberge und Trümmer mit der Zeit von selbst und auf Dauer.

TIPP

Machen Sie aus Ihrem gefühlten, seelischen Polarmeer mit antarktischen Problemgletschern ein badewannenwarmes, karibisches Meer mit Traumstränden und Sonne ohne Ende. Dann werden sich Ihre Lebensfreude-Akkus ruckzuck wieder aufladen. Wenn Ihr Leben diesem seelischen Polarmeer mit null Grad gleicht, in dem viele Eisblöcke umherschwimmen, die Ihr Leben einfrieren, dann lassen Sie diese Eisblöcke nicht von den „Eisberg-Experten" zerschlagen.

Es geht viel einfacher: Stellen Sie sich vor, Sie würden Ihr seelisches Polarmeer nur um ein Grad erwärmen. Mit der Zeit werden dann alle Problemeisberge von ganz alleine schmelzen und Sie tauen auf und tauchen wieder ein in ein warmes und glückliches Leben. Der Glaube kann Berge versetzen – und Eisberge zum Schmelzen bringen!

Manchmal brauchen wir einen Schuss vor den Bug oder einen Schicksalsschlag, um aufzuwachen und mit dem Leben zu beginnen. Die Lösung liegt im Inneren des Menschen/Patienten.

Heilung, Besserung und Verarbeitung treten dann auf, wenn man nicht mehr versucht, die Eisberge zu zerschlagen, sondern dann, wenn man es schafft, das eigene „Lebensmeer" um nur ein Grad aufzuheizen. Dann schmelzen die Eisberge mit der Zeit von ganz alleine.

>> Was bringt den Doktor um sein Brot?
a) die Gesundheit
b) der Tod.
Drum hält der Arzt, auf dass er lebe uns zwischen beiden in der Schwebe.

Eugen Roth

Die Kraft der Gedanken und der Fantasie sind wichtiger als Wissen, denn Wissen, so sagte Einstein, ist begrenzt. Wissen ist übrigens auch wichtiger als Intelligenz. Und daraus folgt, dass Fantasie auch wichtiger als Intelligenz ist. Ich hatte zwar immer eine Fünf in Mathe, aber diese Gleichung müsste stimmen. Zum Umgang mit leidvollen Erfahrungen lieferte der berühmte Filmemacher Woody Allen eine humorvolle, aber sehr positive und ressourcenorientierte Lösung und erzählte: „Als ich entführt wurde, wurden meine Eltern aktiv, sie vermieteten mein Zimmer." Die Moral dieser kleinen Anekdote ist, dass es immer hilfreich ist, eine positive Einstellung zu bewahren, das Beste aus einer schwierigen Situation zu machen und den Humor nicht zu verlieren, denn ändern können wir die Situation oftmals sowieso nicht. Was wir aber ändern können, sind unsere Einstellungen, Blickrichtungen und Gedanken. Wenn ein Patient eine Vorstellung davon bekommt, wie es sein könnte, wenn es ihm wieder besser geht, ist das schon die halbe Miete – oder besser gesagt – die halbe Therapie und Heilung. Wir denken in Bildern und ein Großteil unseres Denkens, Fühlens und Handelns wird durch Bilder bestimmt. Also sollte man lieber an ein Grad Erwärmung denken, als jeden Tag die vielen großen und kleinen Eisberg-Probleme zu zerschlagen und so viel Lebenszeit und Lebensenergie zu verbrauchen.

Das Licht vertreibt immer den Schatten und niemals umgekehrt!

© Liane Metzler

Psycho-Monster des Alltags

Wissen Sie eigentlich, dass das Hamsterrad von innen aussieht wie eine Karriereleiter? In unserem Alltag begegnen uns häufig sogenannte Psycho-Monster. Ganz viele Menschen leiden unter permanenten Zeitdruck, sie fühlen sich gehetzt und getrieben, leben ein Leben auf der Überholspur, sind immer erreichbar und erreichen doch nichts. Viele Menschen haben das Gefühl, keine Zeit mehr zu haben, nur noch zu arbeiten und kein Wochenende mehr frei zu haben. Der Terminkalender quillt über und manchmal kommt auch noch die Sorge oder Befürchtung hinzu, dass die eigene Arbeit unsicher oder gefährdet sein kann und so geraten Menschen sehr schnell in einen Risikozustand der Überforderung, in dem sie körperlich und auch mental vollkommen erschöpfen können. Viele Menschen meckern und jammern über ihre Lebenssituation, ohne dass ihnen bewusst ist, wie gut es ihnen eigentlich geht, wenn sie frei von Erkrankungen sind und eine Arbeit, Freunde, einen Partner bzw. eine Partnerin oder sogar eine Familie haben. Menschen gewöhnen sich sehr schnell an Komfort und Luxus und manchmal sind es dann die Krisen oder lebensverändernden Schicksalsereignisse, die ihnen bewusst machen, wie gut es ihnen bisher ergangen ist. Es gibt in diesem Zusammenhang ein sehr schönes Zitat von Gregory Bateson („Ökologie des Geistes"):

Die Kreativität der Gedanken

„Ich kannte einmal einen kleinen Jungen in England, der fragte seinen Vater: ‚Du Papa, sag mal, wissen Väter immer mehr als ihre Kinder?' und der Vater überlegte eine Weile und sagte: ‚Ja, Väter wissen immer mehr als ihre Kinder.' Daraufhin fragte ihn der Sohn: ‚Papa, wer hat eigentlich die Dampfmaschine erfunden?' Der Vater überlegte eine Weile und antwortete dann: ‚James Watt.' Daraufhin fragte der Sohn: ‚Wenn Väter immer mehr wissen als ihre Kinder, warum hat sie nicht der Vater von James Watt erfunden?'"

Gregory Bateson

Hier wird sehr schön deutlich, dass die Entwicklung von Kreativität immer und auch nur dann möglich ist, wenn wir uns eigene Gedanken machen, wenn wir unsere eigenen Potenziale, Ressourcen und eigenen Talente nutzen. Das Gleiche gilt für uns Menschen auch immer dann, wenn wir in einer schwierigen Lebenssituation sind.

Time is honey

Als Kinder hatten wir alle das Gefühl der Zeitewigkeit. Wir hatten ein Meer an Zeit. Sechs Wochen Ferien – ein unvorstellbar langer Zeitraum! Doch was sind heute für uns als Erwachsene sechs Wochen? Wir steigen montagmorgens in das Hamsterrad, das Wochenrennen beginnt, das Hamsterrad dreht sich bis freitagabends, manchmal sogar auch am Wochenende und dann steigen wir aus. Wir schießen quasi durch das Wochenende und müssen in der Zwischenzeit mit Freunden und Familie Termine verabreden. So haben wir das Gefühl, dass die Zeit immer schneller vergeht und die Jahre uns einfach nur so davonlaufen. Aber es ist möglich, dass wir uns als Erwachsene das Gefühl der Zeitewigkeit zurückholen. Wir möchten hier auf die Forscherin Bodil Jönsson (Jönsson, B.: Zeit. Wie man ein verlorenes Gut zurückgewinnt, Köln 2000) verweisen, die sehr eindringlich darauf hinweist, dass wir als Menschen im Leben etwa 30.000 Tage geschenkt bekommen, wenn wir von einer durchschnittlichen Lebenserwartung von 80 Jahren ausgehen. Wir haben nur 30.000 Tage, um zu leben! Wenn wir Glück haben...

10.000 Tage können wir von vornherein abziehen, da wir diese mit Schlafen verbringen, es verbleiben also 20.000 Tage. Von diesen können wir nun weitere Tage abziehen, die wir damit verbringen, zu essen, uns anzuziehen, eine Ausbildung zu machen, zu lernen und zu arbeiten (ein durchschnittliches Arbeitsleben dauert in etwa 9.000 Tage). Wenn man das individuell berechnet, dann schrumpft dieser Vorrat an Tagen dramatisch zusammen und es ist erschreckend zu sehen, wie wenig Zeit uns am Ende dann eigentlich zum Leben übrig bleibt. Aber das ist ja gerade der Sinn: Wir sind auf der Welt, um zu leben und nicht, um zu arbeiten. Arbeit ist ausschließlich dazu da, um gut damit und gut davon leben zu können. Mit der Arbeit, der wir nachgehen, verdienen wir unser Geld, um uns ernähren zu können, unsere Miete bezahlen zu können, unser Auto zu finanzieren und in den Urlaub zu fahren, aber der eigentliche Sinn besteht darin, zu leben, glücklich zu sein und mit anderen Menschen in Partnerschaft oder in Gemeinschaft zu leben. Deshalb ist es wichtig, sich genau zu überlegen, mit welchen Dingen man die Tage füllen möchte, mit welchen Menschen man zusammen sein möchte und was einem im Leben wichtig ist. Wir sollten lernen, zu unterscheiden, welche Werte im Leben von Bedeutung sind.

Eine Lehrstunde der besonderen Art

Ein Philosophieprofessor hatte für seine Vorlesung einige Dinge vor sich auf seinem Pult zusammengestellt. Als die Vorlesung begann, nahm er ein Einmachglas, wortlos füllte er große Steine hinein bis hoch zum Rand. Anschließend fragte er die Studenten, ob das Glas nun voll sei. Sie antworteten: „Ja, es ist voll."

Dann nahm der Professor eine Dose mit kleinen Kieselsteinen und ließ sie in das Glas gleiten, schüttelte etwas und ließ weitere Kiesel in das Glas rollen. Die Studenten fingen an zu lachen. Als kein weiterer Kiesel mehr in das Glas passte, fragte der Professor seine Studenten erneut: „Ist das Glas jetzt voll?" Und wieder waren alle der Meinung, das Glas sei voll.

Daraufhin nahm er eine Schale mit Sand und ließ ihn auch noch in das Glas fließen, wobei er es ab und zu etwas schüttelte. Und natürlich ging der Sand auch noch hinein und verteilte sich in den restlichen Lücken zwischen den Kieseln und den Steinen. „Und nun", sagte der Professor, „möchte ich, dass Sie erkennen: Dieses Glas ist wie Ihr Leben."

Und Sie entscheiden, was Sie hineinpacken. Sie haben das irgendwann einmal grundsätzlich entschieden. Sie überprüfen diese Entscheidung, und in gewisser Weise treffen Sie sie jeden Morgen neu: Was packe ich heute in mein Leben? Was? – und ganz wichtig: In welcher Reihenfolge tun Sie das? Die Steine – das sind die wichtigsten Dinge in Ihrem Leben: Ihre Familie, Ihr Partner, Ihre Kinder, Ihre Gesundheit, Ihr Glaube. Alles, was Ihnen wichtig ist und was übrig bliebe, wenn alles andere wegfiele. Die Dinge, die auch allein noch Ihr Leben erfüllen würden. Und umgekehrt: Wenn Ihnen diese Dinge verloren gingen, wäre Ihr Leben zerstört.

Die kleinen Kiesel sind die nicht ganz so wichtigen Dinge in Ihrem Leben: Beruf, Haus oder Wohnung, Ihr Besitz, Auto ... Nicht ganz so wichtig, weil der Verlust dieser Dinge Ihnen zwar wehtun würde, Sie aber nicht zerstören würde. Der Sand schließlich steht für all die anderen Dinge in Ihrem Leben, für die vielen kleinen Dinge, die Sie mehr oder weniger freiwillig tun; Hobbys, auch solche, die unter der Hand zu Pflichten geworden sind, Sachen, die Sie einmal gekauft haben und um die Sie sich jetzt kümmern müssen. Steine, Kiesel, Sand. Wenn Sie den Sand zuerst in Ihr Lebensglas füllen, bleibt kein Raum mehr für Kiesel. Und schon gar nicht für Steine.

So ist es auch in Ihrem Leben: Wenn Sie all Ihre Energie für die kleinen Dinge aufgebraucht haben, ist keine Kraft mehr da für die großen, wichtigen. Wenn Sie Ihre ganze Zeit mit Kleinkram ausgefüllt haben, haben Sie keine Zeit mehr für das, worauf es wirklich ankommt. Und das ist gemeint: Wenn Ihr Lebensglas voll Sand ist, alles randvoll mit Kleinkram ist, dann haben Sie wirklich keine Zeit und Kraft mehr für die entscheidenden Dinge: Sie lesen ein gutes Buch, putzen die

Fenster oder schrauben an Ihrem Auto und denken: Eigentlich könnte ich ja, vielleicht sollte ich mal wieder ..." Achten Sie also auf das, was Sie tun. Achten Sie auf Dinge, die wirklich wichtig sind. Spielen Sie mit Ihren Kindern, gehen Sie mit Ihrem Partner aus, treffen Sie Ihre Freunde, nehmen Sie sich Zeit, Ihren Glauben zu leben!

Aus einem Vorwort von Professor Dr. med. Nossrat Peseschkian, in: Lüdke, Chr./Becker, A.: Der kleine Samurai Mio Mio Mausebär. Gemeinsam stark gegen Kinderängste, 2 Bände, Heidelberg 2007, S. 6 ff.

Diese Geschichte macht deutlich, dass wir auf die richtigen Prioritäten im Leben achten sollten und so können auch Krankheiten, traumatische Ereignisse oder Schicksalsschläge immer wieder dazu führen, dass Menschen plötzlich einen Weckruf erhalten. Sie wachen aus dem Dämmerschlaf auf und Sie sehen, was wirklich von Bedeutung ist. Sie sehen, wie schnell sich das Leben plötzlich in eine andere Richtung drehen kann, wie dramatisch das Ganze plötzlich sein kann und Ihnen wird bewusst, was Ihnen wirklich wichtig ist im Leben.

Menschen sind Problemlöser

Menschen lösen ihr Leben lang Probleme. Die Wissenschaft zeigt, dass Menschen, die Probleme lösen, sich besser entwickeln. Nur Probleme, die wir nicht lösen können, machen uns psychisch krank. Wir sollten uns also von dem, was wir nicht ändern können, abwenden, um gesund zu bleiben. Der Mensch ist ganzheitlich und humanistisch.

MERKE
Der Mensch ist ein
Leib-
Seele-
Geist-
Organismus.

Wir möchten im Weiteren auf das unserer Arbeit zugrunde liegende Menschenbild eingehen. Es gibt in allen Kulturen unterschiedliche Bilder, wie der Mensch betrachtet werden kann. Wir gehen von einem sogenannten humanistischen, das heißt, ganzheitlichen Menschenbild aus. Der Mensch wird in dieser Vorstellung als ein Leib-, Seele- und Geist-Organismus betrachtet. Der Leib, d. h., der Körper spiegelt die Art und Weise wider, wie wir uns bewegen, wie wir uns ernähren, wie wir uns pflegen und ausruhen. Damit ist unser Körper ein ganz wichtiger Bestandteil unserer Identität und auch unseres Selbstwertgefühls. Unser Selbstwertgefühl kann immer dann in Mitleidenschaft gezogen werden, wenn sich unser Körper verändert, wenn wir Verletzungen, Störungen, Kränkungen oder Demütigungen erleiden. Der Körper, so sagt man in der Psychotherapie, ist gelebte Zeit.

Der zweite Teil des Menschenbildes ist die Seele, Animus und Anima (C. G. Jung). Die Seele ist in der Psychotherapie zum einen Träger der bewussten Erinnerungen, d. h. all dessen, was wir mit brennendem Interesse aufgenommen haben, was uns geprägt hat und was der Körper einmal gelernt hat. Zum anderen ist die Seele der Abdruck, den die Welt in einem Menschen hinterlassen hat, was man vor allen Dingen im Gesicht eines Menschen sehr deutlich erkennen kann.

Der dritte Teil des Menschenbildes ist der Geist. Mit „Geist" bezeichnen wir Intelligenz im wahrsten Sinne des Wortes. Intelligenz aus dem Lateinischen übersetzt bedeutet „Einsichtsvermögen" und wird definiert als die Fähigkeit, Probleme zu lösen und neue Probleme zu schaffen. Menschen, die ein hohes Problemlösungsverhalten haben und dadurch, dass sie Probleme bewältigen, neue Probleme, neue Fragestellungen aufwerfen, sind als sehr intelligent zu bezeichnen. Für mich ist es eines der größten Rätsel der Gegenwart, warum die Erkenntnisse der Intelligenzforschung heute immer noch keinen flächendeckenden Einzug in Bildungseinrichtungen, Familien und Schulen gefunden haben. Erkenntnisse, die z. B. zurückgehen auf Howard Gardner mit seinem Buch „Abschied vom IQ" (Gardner, H.: Abschied vom IQ, Stuttgart 1991).

Gardner war einer der ersten Wissenschaftler, die nachgewiesen haben, dass wir Menschen nicht nur über eine Intelligenz verfügen, sondern über sieben verschiedene Intelligenzen, die sich auch in unterschiedlichen Bereichen des

Gehirns lokalisieren lassen. Wir haben als Menschen nicht nur eine sprach-
liche und logisch-mathematische Intelligenz, sondern auch eine musikalische
Intelligenz, eine räumliche Intelligenz, körperliche Bewegungsintelligenz, per-
sonale/soziale und emotionale Intelligenz. Erst das Zusammenwirken dieser
verschiedenen Intelligenzen macht am Ende die Intelligenz, das Einsichtsvermögen, das Problemlösungsverhalten eines Menschen deutlich, d. h., dass
viele der bekannten Intelligenztests sehr ein- oder zweidimensional sind und
wenig über die wirkliche Intelligenz eines Menschen aussagen.

Wenn eine Mutter sagt: „Mein Kind hat einen IQ von 90", dann ist das alles
andere als besorgniserregend, man kann dann ganz gelassen bleiben, weil
bei den meisten Tests eben nicht die übrigen Intelligenzen getestet werden.
Daher ist es wichtig, sich hier zu öffnen und vielleicht auch einmal den Blick
über den Tellerrand hinaus zu richten und Erkenntnisse stärker einzubezie-
hen. Bewegungsintelligenz bedeutet z. B., dass es Menschen gibt, die eine
Bewegung sehen, vielleicht eine sportliche Bewegung oder eine Tanzbewe-
gung, die sie sofort imitieren, sofort nachmachen können, während andere
Menschen diesen Bewegungsablauf niemals erlernen werden, egal, in wie
viele kleine Schritte man diesen unterteilen würde. Andere Menschen können, ohne irgendeine Note zu lesen, eine Melodie, die sie gehört haben, auf
einem Instrument sofort nachspielen, weil sie eine sehr hohe musikalische
Intelligenz haben. So gibt es zahlreiche Beispiele dafür, dass Intelligenz
wesentlich mehr ist als mathematisches Wissen. Die Frage „Was ist wichtiger? Intelligenz oder Wissen?" ist mittlerweile in der Wissenschaft auch
beantwortet: Die Antwort lautet: Wissen ist wichtiger als Intelligenz.

Das mag jetzt zunächst erst einmal wie ein Widerspruch klingen, aber über
die Förderung und Unterstützung der unterschiedlichen Intelligenzformen
vermittelt man einem Kind oder einem erwachsenen Menschen Wissen und
je größer das Wissen, je größer der Erfahrungsspielraum ist, desto größer ist
am Ende auch das Problemlösungsverhalten und damit die Intelligenz eines
Menschen. Wissen kommt also vor Intelligenz.

Egoismus der Gene
Selbstheilung wird in manchen Bereichen über alte genetische Informationen gesteuert. Wenn wir im Leben nichts dazulernen und verändern würden,
dann würde unser komplettes Verhalten und Handeln durch den sogenann-

ten Egoismus der Gene bestimmt. Egoismus der Gene ist ein Begriff, der auf Richard Dawkins zurückgeht (Richard Dawkins: The Selfish Gene. Oxford 2006) und bedeutet, dass jeder Mensch eine grundlegende genetische Information in sich trägt, die durch vier Regeln bestimmt wird:

INFORMATIONEN

Regel 1: Sei nett zu allem Nahestehenden. Das bedeutet, dass ich alles, was mir vertraut, bekannt und sympathisch ist, auch erst einmal sehr freundlich behandele.

Regel 2: Sei gemein zu allem Fernstehenden. Das bedeutet also, alles, was ich nicht kenne und mir nicht vertraut ist, das behandele ich erst einmal sehr misstrauisch und sehr argwöhnisch. Das findet z. B. Ausdruck in dem Sprichwort „Was der Bauer nicht kennt, das frisst er nicht."

Regel 3: Sie stammt aus der Spieltheorie und lautet: „Wie du mir, so ich dir! – Wie ich in den Wald rufe, so schallt es auch heraus." In diesem Kontext spielen die Entdeckung und die Bedeutung der Spiegelneuronen sicherlich eine ganz zentrale Rolle. Hier können noch Erkenntnisse der Spiegelneuronen eingefügt werden, d. h. also, warum ich fühle, was du fühlst.

Regel 4: Sie ist die wichtigste Regel im Egoismus der Gene und lautet: Betrüge, wo du nur kannst! Jetzt werden einige Menschen behaupten „Nein, bei mir stimmt das nicht!", aber dennoch liegt diese genetische Information jedem Menschen inne. Wenn wir z. B. in einem Supermarkt stehen und bemerken, dass die Kassiererin zu viel Wechselgeld ausgezahlt hat, dann kann es sein, dass uns ein Impuls durchzuckt, dieses Geld einzustecken, in der Hoffnung, dass sie es nicht bemerkt – das ist „Betrüge, wo du nur kannst".

Oder stellen Sie sich vor, Sie sind mit Ihrem Auto auf der Straße unterwegs, am Straßenrand sehen Sie die Geschwindigkeitsvorschläge und überlegen dann, ob Sie sich an diesen Geschwindigkeitsvorschlag halten oder nicht. In der Regel brechen viele Menschen diese Regel und auch das erfolgt vor dem Hintergrund „Betrüge, wo du nur kannst" und es gibt eine Vielzahl von Beispielen, in dem sich „Betrüge, wo du nur kannst" dadurch widerspiegelt, dass wir körperliche und seelische Verletzungen vermeiden.

Entwicklungskrisen

Der Begriff „Krise" wird umgangssprachlich meist negativ verwendet, weil viele Menschen mit dem Wort „Krise" unangenehme Situationen verbinden. Allerdings ist der Begriff therapeutisch ein völlig neutraler: „Krise" heißt nichts anderes als eine Phase der Entwicklung, Wandlung und Veränderung. Es muss nicht unbedingt schlecht sein, wenn man sich entwickelt und wandelt.

In der Psychotherapie spricht man von der Biografie-Arbeit: Unser Leben entwickelt sich in Jahrsiebten, d. h., alle sieben Jahre durchlaufen wir Menschen tiefgreifende körperliche und seelische Veränderungsprozesse. Jede Entwicklungsphase ist immer mit einem bestimmten Entwicklungsthema verbunden und der Übergang von einer Stufe in die nächste wird immer durch sogenannte Übergangsobjekte begleitet. Das können Spielsachen sein, ein Pullover oder andere materielle Dinge.

Entwicklungskrise bedeutet, dass sich unser Leben – und damit auch die vorhin schon erwähnten Ressourcen, Potenziale oder Talente – eben gerade in diesen, manchmal auch sehr schwierigen, Entwicklungskrisen entwickeln. Die Entwicklungskrisen, die Menschen durchlaufen, sind sehr vielfältig. Wir durchlaufen viele hunderte Identitäts-, Autoritäts- oder Sexualitätskrisen, aber es gibt zehn Entwicklungsstufen, die bei allen Menschen gleich sind:

1. Geburtskrise
2. Abstillkrise
3. Hänschen-Klein-Krise
4. Sozialisationskrise
5. Pubertätskrise
6. Paarkrise
7. Midlife-Crisis
8. Cinderella-Syndrom/Peter-Pan-Syndrom
9. Leiblichkeitskrise
10. Rentenschock

Die erste Stufe ist die *Geburtskrise*. Neun Monate lang war alles dunkel, warm, feucht und wir hatten alles, was wir für unsere Entwicklung brauchten. Dies bezeichnet man auch als den „paradiesischen Zustand". Nach neun Monaten kommt dann der erste tiefe Einschnitt, es ist hell, es ist kalt, es ist trocken, es ist laut – das ist die sogenannte Geburtskrise, die als erste große Entwicklung bewusst erlebt wird.

Als zweites schließt sich die sogenannte *Abstillkrise* an. Abstillkrise bedeutet, dass unsere Bedürfnisse nicht unmittelbar und sofort erfüllt werden, sondern wir auf uns aufmerksam machen müssen („Mama Hunger", „Mama Arm"), wir von der Mutter oder anderen Bezugspersonen abhängig sind, die maßgeblich dafür verantwortlich sind, ob und wann unsere Grundbedürfnisse erfüllt werden.

Daran schließt sich die *Hänschen-Klein-Krise* an. Diese beschreibt nichts anderes als die Entwicklung von Vertrauen, von Sicherheit und auch Freiheit. Umgangssprachlich spricht man im Zusammenhang mit dieser Entwicklungskrise auch von dem sogenannten „Fremdeln". Kinder genießen und erleben das Gefühl von Freiheit, sich von den Eltern zu lösen und in den freien Raum hineinzulaufen, bekommen dann aber plötzlich Angst vor diesem neugewonnenen Gefühl. Sie kommen zurückgelaufen, suchen einmal ganz kurz die Hand der Mutter oder klammern sich fest an das Bein des Vaters und dann beginnt dieses Wechselspiel von Nähe und Distanz wieder, indem sich das Gefühl von Vertrauen und auch Freiheit entwickelt. Hänschen-Klein-Krise bedeutet auch, dass die sogenannte Ich-Entwicklung abgeschlossen ist, sich ein Kind also selbst als eigenständige Person wahrnimmt und sich das erste Mal bewusst von der Mutter ablöst.

> **Was die Raupe das Ende der Welt nennt, nennt der Rest der Welt Schmetterling!**
>
> *Laotse*

Diese Entwicklung findet etwa um das 3. oder 4. Lebensjahr statt und kann sprachlich sehr schön festgestellt werden, da dies der Zeitpunkt ist, an dem ein Kind über sich selbst nicht mehr mit dem eigenen Namen spricht und nicht sagt: „Christian möchte noch ein Wasser", sondern „ich will". In dem Moment, in dem ein Kind sagt: „Ich will", klopft es oft mit der flachen Hand auf den Brustkorb, es weiß: „Ich bin ich, andere sind andere, ich höre hier auf, dort fängt ein anderer Mensch an". Gleichzeitig erfolgt in dieser Ich-Entwicklung die Beherrschung des Schließmuskels, d. h., Kinder werden, wie man so schön sagt, „trocken". Sie machen nun im wahrsten Sinne des Wortes, was sie wollen, und nicht, was die Eltern wollen. In dieser Phase entwickeln sich auch Gefühle wie Schuld und Zweifel.

Hänschen-Klein-Krise bedeutet auch, dass es das erste Mal ist, dass Kinder sich weiter von der Mutter ablösen müssen und das Ganze gestaltet sich manchmal als sehr schwierig. Kinder lieben immer ihre Eltern, egal wie die Eltern sind, Kinder lieben *immer* ihre Eltern. Von jemandem, den ich lieb habe, kann ich mich aber nicht lösen. Jemand, der mich aber abends ins Bett schickt oder sagt: „Räum dein Zimmer auf", finde ich doof und von jemandem, den ich doof finde, kann ich mich sehr leicht lösen. Das ist der Grund, warum Kinder in dieser Entwicklungsphase beginnen zu trotzen. Kinder müssen ihre Eltern bewusst verletzen, im besten Fall auf die Palme oder bis zur Weißglut treiben, d. h. also, sehr starke emotionale Reaktionen bei Eltern provozieren, sodass sie komplett ausrasten. Wenn die Eltern ausrasten, dann können sich die Kinder gefahrlos von Mama und Papa ablösen, ohne ein schlechtes Gewissen oder Schuldgefühle zu haben.

Es schließen sich sogenannte *Sozialisationskrisen* an, d. h., Entwicklungen, die eintreten, wenn wir in neue Gruppen von Menschen kommen – sei es im Kindergarten, in der Schule, der weiterführenden Schule oder der Berufsausbildung. Immer wenn wir mit neuen Menschen zusammenkommen, müssen wir uns zurechtfinden, wir müssen die Gruppensituation erfassen und müssen neue Regeln lernen.

Dann schließt sich die *Pubertätskrise* als eine der stärksten und tiefgreifendsten Sexualitätsentwicklungen an. In der Pubertät entwickeln wir unsere Geschlechtsidentität, wir erleben, wer wir eigentlich sind, Mann oder Frau oder vielleicht eine andere Schaffung der Natur? Wir machen unsere ersten vier großen Lebensentwürfe: Will ich alleine leben oder will ich mit einem anderen Menschen zusammenleben? Will ich Kinder haben oder keine? Die Frage der Sexualität wird geklärt. Zudem wird die Berufswahl zum ersten Mal überdacht.

Dann folgt die *Paarkrise*. Mit Paarkrise sind keine Ehestreitigkeiten gemeint, sondern der Zeitpunkt, an dem die Kinder das Elternhaus verlassen und ihr Leben erstmals alleine gestalten müssen. Das zurückbleibende Ehepaar muss die Ehe oder Partnerschaft neu definieren nach dem Motto: Was machen wir jetzt, wo die Kinder das Elternhaus verlassen haben?

Im Anschluss folgt die sogenannte *Midlife-Crisis* (wissenschaftlich spricht man auch von Plateau-Krise). Der Begriff Midlife-Crisis wurde in den 30er Jahren von Wissenschaftlern geprägt, weil man damals davon ausging, dass Menschen eine durchschnittliche Lebenserwartung von etwa 70 Jahren haben. Die ersten 35 Jahre benötigen wir, um uns zu entwickeln, zu verändern, unsere Rollen in der Gesellschaft zu finden und zu übernehmen. Die zweiten 35 Jahre brauchen wir, um uns aus diesen Rollen wieder zurückzuziehen, zu verabschieden und zu sterben. Man war der Auffassung, dass genau in der Mitte des Lebens dieses Tal der tausend Tränen durchlaufen und damit eine sehr starke Krisensituation erlebt wird. Seit vielen Jahren weiß die Wissenschaft aber, dass diese Midlife-Crisis nicht in der Mitte des Lebens, sondern zu jedem beliebigen Zeitpunkt auch mehrfach auftreten kann. Aus diesem Grund ist es besser, von einer Plateau-Krise zu sprechen. Ein „Plateau" ist eine Hochebene und in unserem Leben kommen wir einmal oder mehrmals auf eine solche Hochebene, von der aus wir unser Leben betrachten. Wir schauen auf unser Leben und überdenken unsere Selbstdefinition und fragen uns:

- Ist das, was ich heute in meiner Partnerschaft und Ehe mache, das, was ich mir immer erträumt habe?
- Ist das, was ich in meinem Beruf mache, genau das, was ich mir vorgestellt habe?
- Ist das, was ich in meiner Freizeit mache, das, was ich mir gewünscht habe?

Nach dieser Prüfung kann ein Mensch sagen, ich bin sehr zufrieden, ich bin sehr glücklich. Ich erlebe Situationen, in denen Menschen immer wiederkehrende Misserfolge wie eine erneute Trennung oder Kündigung durchleben. Das kann bei dem Blick auf die mir verbleibende Lebenszeit Gefühle der Hoffnungslosigkeit und tiefen Verzweiflung in Menschen hervorrufen. Die Midlife- oder Plateau-Krise ist im Übrigen die Entwicklungsstufe, in der die meisten chronischen Erkrankungen sowohl bei Frauen als auch bei Männern entwickelt werden. Bei Männern und Frauen kann sich in dieser Plateau-Krise auch noch ein unterschiedliches Syndrom entwickeln. Bei Frauen entwickelt sich in der Plateau-Krise oft der Aschenputtel-Komplex oder das sogenannte Cinderella-Syndrom; bei Männern spricht man in der Plateau-Krise vom sogenannten Peter-Pan-Syndrom. Darunter versteht man die Weigerung, erwachsen zu werden und in Würde zu altern.

Leben im gemütlichen Elend

Frauen, die ein Leben im gemütlichen Elend oder ein Leben in stiller Verzweiflung führen, träumen davon, dass sich ihr Leben ändern müsste. Sie wollen ihr Leben grundlegend verändern, aber die Entscheidungen dafür nicht selbst treffen. Stattdessen warten sie auf ein von außen kommendes Ereignis, das ihr Leben von Grund auf verändert, wie in dem Märchen von Aschenputtel bzw. Cinderella, in dem der Prinz an die Tür klopft und sagt: „Hier, das ist der Schuh, der passt, komm mit!" Dies ist eine Situation, in der man im Grunde genommen sehr verzweifelt ist und nicht die Entscheidungen trifft, die hilfreich wären, um das Leben positiv zu verändern.

Männer weigern sich, erwachsen zu werden und in Würde zu altern

Wissenschaftler sind schon seit langem zu der Erkenntnis gelangt, dass Männer mehr Probleme mit dem Älterwerden haben als Frauen. Wenn Männern ihre eigene Sterblichkeit bewusst wird, etwa um das 35. Lebensjahr, merken sie, dass sie älter und reifer werden, und fallen darauf häufig in frühkindliche Entwicklungsstufen zurück. Die Auffassung, sie könnten den Alterungsprozess aufhalten, führt dann teilweise zu Verhaltensänderungen (eine neue Frisur, völlig neue Kleidung, ein Tattoo, ein Piercing, ein Sportwagen). Viele Männer trennen sich aus langjährigen Partnerschaften und suchen sich deutlich jüngere Frauen, von denen sie weniger zu befürchten haben. So zeigen uns die Medien immer wieder Beispiele von bekannten Prominenten, bei denen die Frauen immer jünger werden. Ein Paradebeispiel für das Peter-Pan-Syndrom ist Michael Jackson, der sogar sein Anwesen nach der Heimat Peter Pans, Neverland (deutsch: Nimmerland) benannte. Wenn Männer älter werden, bekommen sie es mit der Angst zu tun. Männer können nicht oder nur in wenigen Fällen in Würde altern und vor allen Dingen schaffen viele Männer es nicht, in Würde mit gleichaltrigen Frauen zu altern.

> Bäume sind für mich immer die eindringlichsten Prediger gewesen. Ich verehre sie, wenn sie in Völkern und Familien leben, in Wäldern und Hainen. Und noch mehr verehre ich sie, wenn sie einzeln stehen. Sie sind wie Einsame. Nicht wie Einsiedler, welche aus irgendeiner Schwäche sich davongestohlen haben, sondern wie große, vereinsamte Menschen, wie Beethoven und Nietzsche. In ihren Wipfeln rauscht die Welt, ihre Wurzeln ruhen im Unendlichen; allein sie verlieren sich nicht darin, sondern erstreben mit aller Kraft ihres Lebens nur das Eine: ihr eigenes, in ihnen wohnendes Gesetz zu erfüllen, ihre eigene Gestalt auszubauen, sich selbst darzustellen. Nichts ist heiliger, nichts ist vorbildlicher als ein schöner, starker Baum [...]
>
> Und jeder Bauernjunge weiß, daß das härteste und edelste Holz die engsten Ringe hat, daß hoch auf Bergen und in immerwährender Gefahr die unzerstörbarsten, kraftvollsten, vorbildlichsten Stämme wachsen. Bäume sind Heiligtümer. Wer mit ihnen zu sprechen, wer ihnen zuzuhören weiß, der erfährt die Wahrheit. Sie predigen nicht Lehren und Rezepte, sie predigen, um das Einzelne unbekümmert, das Urgesetz des Lebens [...]

Ein Baum spricht: In mir ist ein Kern, ein Funke, ein Gedanke verborgen, ich bin Leben vom ewigen Leben [...] Einmalig ist der Versuch
und Wurf, den die ewige Mutter mit mir gewagt hat, einmalig ist
meine Gestalt und das Geäder meiner Haut, einmalig das kleinste
Blätterspiel meines Wipfels und die kleinste Narbe meiner Rinde.
Mein Amt ist, im ausgeprägten Einmaligen das Ewige zu gestalten
und zu zeigen [...]

Ein Baum spricht: Meine Kraft ist das Vertrauen. Ich weiß nichts von
meinen Vätern, ich weiß nichts von den tausend Kindern, die in jedem
Jahr aus mir entstehen. Ich lebe das Geheimnis meines Samens zu
Ende, nichts andres ist meine Sorge. Ich vertraue, daß Gott in mir ist.
Ich vertraue, daß meine Aufgabe heilig ist. Aus diesem Vertrauen lebe
ich [...].

Herrmann Hesse „Bäume"

Die nächste Entwicklungsstufe, die Menschen durchlaufen, sind sogenannte
Leiblichkeitskrisen. Leiblichkeitskrise bedeutet, dass es um Veränderungen
mit dem Körper geht. Diese Art von Krise tritt spätestens im Alter auf, wenn
wir gebrechlicher werden, wenn wir anfälliger werden und nicht mehr so
belastbar sind. Leiblichkeitskrisen können aber auch in jüngeren Jahren
eintreten, wie etwa bei schweren Sportverletzungen oder Unfällen, in denen
sich die körperliche Gesundheit verändert und wir manchmal Dinge, die uns
zuvor wichtig waren, plötzlich nicht mehr durchführen können.

Es folgt der *Rentenschock*. Rentenschock ist die Phase, in der wir aus dem
aktiven Berufsleben in die Freizeit entlassen werden und dann zeigt sich, wie
Menschen gelernt haben, Liebe und Arbeit in Gleichklang zu bringen. Es gibt
Studien, die belegen, dass ein Prozentsatz von Frauen und Männern, obwohl sie keinerlei erkennbare Risikofaktoren zeigten, etwa in einem Zeitraum von einem halben Jahr nach der Pensionierung versterben, weil sie
offensichtlich diese Entwicklungsstufe nicht bewältigt haben. Sie haben es in
den Jahren vorher versäumt, sich ausreichend auf ihr Privatleben, ihre Partnerschaften oder ihre Familien zu konzentrieren und die Arbeit einen deutlich größeren Raum eingenommen hat. Jetzt, wo die Arbeit nicht mehr da ist,

fühlen sich diese Menschen weniger wertvoll und ihr Leben wird plötzlich sinnlos und das kann dazu führen, dass Menschen in dieser Phase versterben. Zu dem Thema Rentenschock gibt es einen sehr schönen Film namens „Pappa ante Portas", in dem der 59-jährige Protagonist Heinrich Lohse (gespielt von Loriot) nach einer überzogenen Sparmaßnahme plötzlich in den Vorruhestand versetzt wird. Besser als in diesem Film kann man im Grunde genommen das Phänomen Rentenschock nicht beschreiben. Es folgt nach dem Rentenschock das Sterben – die uns zunächst letzte bekannte Entwicklungsstufe. Hier schließt sich der Kreislauf.

In diesen gerade beschriebenen Entwicklungskrisen und Entwicklungsstufen, die ja nicht immer nur lustig sind, sondern oft mit den erwähnten Kränkungen, Demütigungen und Verletzungen einhergehen und sehr schwierig zu bewältigen sind, haben wir als Menschen unsere Überlebens- und Entwicklungsstrategien entwickelt, in denen wir unsere Potenziale, Kräfte und Talente entfaltet haben, die uns dann auch helfen können, mit einem erneuten schwierigen Lebensereignis zurechtzukommen. Dabei ist es ganz wichtig, sich an Folgendes zu erinnern:

- Wie habe ich das denn damals geschafft?
- Wie habe ich diese Krisensituation überwunden?
- Wie bin ich dort gereift?
- Was hat dazu beigetragen, dass ich am Ende gestärkt aus dieser Entwicklungskrise hervorgegangen bin?

3   Wenn die Seele brennt

Gesundheit beginnt im Kopf. Der Körper folgt dem Kopf. Wer schlimm denkt, macht es nur noch schlimmer. Wer seine Aufmerksamkeit auf schöne und angenehme Dinge lenkt, wird schneller wieder gesund. Narziss war in der griechischen Mythologie ein schöner Jüngling, dessen Aufgabe es war, jeden Tag Wasser zu holen. Weil er jeden Tag Wasser holte, verliebte er sich unsterblich in sein eigenes Spiegelbild und eines Tages ist er dann bei dem Versuch, sein eigenes Spiegelbild zu umarmen, ertrunken.

Daraus wurde in der Psychologie der Begriff des Narzissmus übernommen. Mit „Narzissmus" beschreiben wir zum einen eine übersteigerte Selbstverliebtheit, zum anderen aber auch unser Selbstwertgefühl. Unser Selbstwertgefühl kann immer dann gekränkt und verletzt werden, wenn unser Leben einmal eine andere Richtung nimmt, wenn wir außergewöhnliche Lebensereignisse haben, die weit außerhalb von dem liegen, was wir sonst erlebt haben oder wir Schicksalsschläge erleben, die uns den Boden unter den Füßen entreißen können. Das alles kann zu einer „narzisstischen Kränkung" führen.

> Wenn die Seele brennt, muss der Kopf Wasser holen.

Dieses Buch trägt den Titel: „Wenn die Seele brennt". Aber was sollen wir machen, wenn die Seele brennt? Die Antwort lautet: Wenn die Seele brennt, muss der Kopf Wasser holen. Unser Kopf spielt bei dem Thema Gesundheit eine ganz zentrale Rolle. Am Ende macht unser Kopf aus allem, was wir erleben, reine Biochemie. Wenn wir es schaffen, unser Motivationszentrum im Gehirn durch das Erleben von natürlichen Rauschzuständen – also Dingen, die uns viel Spaß, Freude und Lust bereiten – zu aktivieren, wird im Gehirn ein Hormoncocktail gemischt, bestehend aus den Glückshormonen Serotonin, Dopamin und dem Vertrauenshormon Oxytocin. Dieser – wenn man so will – *Glückscocktail* wird, bildlich gesprochen, über unser Schmerzzentrum im Gehirn geschüttet, lindert den Schmerz und lässt es uns wieder besser gehen. Das hat nichts mit Verdrängung zu tun. Positive Empfindungen und Glücksgefühle sind ein gutes Mittel gegen Angst, Schmerzen und unangenehme Gefühle. Gesundheit beginnt im Kopf. Unser Kopf ist verantwortlich für einen Großteil unseres Denkens, Fühlens und Handelns. Die *Art und Weise*, wie wir denken, bestimmt letztlich auch unser Befinden: Die Gesundheit hängt in erster Linie auch davon ab, in welche Richtung wir unsere Gedanken lenken.

Andererseits können unsere Gedanken uns auch belasten und sogar krank machen. Das Gehirn ist also nicht immer nur von Vorteil.

Was wir von den Bandwürmern lernen können

„Ein Grund, so der Kabarettist Jürgen Becker, warum die Bandwürmer das Hirn wieder abgeschafft hätten. Sie lebten als Schmarotzer im Darm, seien bestens ernährt und fühlten sich sauwohl. Ein Gehirn sei da völlig überflüssig. Wir Menschen steckten dagegen voller Probleme. Wir hätten größte Schwierigkeiten, uns reibungslos zu ernähren, effektiv fortzupflanzen und auch sonst Spaß im Leben zu haben. Daher müssten wir ein Gehirn mit uns rumschleppen, das Probleme löst, die wir ohne dieses überflüssige Luxusorgan gar nicht hätten. Sei's drum."

Manfred Lütz: Irre! Gütersloh S. XVI

„Gesundheit beginnt im Kopf" bedeutet nichts anderes, als dass oft nicht die Dinge an sich das eigentlich Schlimme sind, sondern vielmehr die Art und Weise, wie wir über das, was wir erlebt haben, denken.

Unsere Wahrnehmung spielt dabei eine ganz zentrale Rolle. Es ist wichtig, welche Ressourcen, welche Potenziale und auch welche Erfahrung wir haben, um ein belastendes Ereignis verarbeiten zu können. Der Körper folgt dem Kopf. Wenn wir den Kopf in eine bestimmte Richtung drehen, folgt auch unser Körper unweigerlich dieser Bewegung. Nicht nur in einem mechanischen, sondern auch im übertragenen Sinne, also dorthin, wohin ich meine Gedanken leite, folgt auch der Körper, und damit haben wir beste Möglichkeiten und beste Voraussetzungen, aktiv und alleine durch die Art und Weise unserer Gedanken auf unsere Gesundheit einzuwirken. Wir haben die Möglichkeit, Heilverläufe und Verarbeitungsprozesse zu beeinflussen. Die Kraft der Gedanken ist eine extrem starke Ressource, die uns behilflich sein kann, unsere Gesundheit zu erhalten, um ganz starke innere Widerstandskräfte zu entwickeln.

Viele Menschen haben schon einmal in ihrem Leben eine Stadtführung mitgemacht. Wer aber hat sich schon einmal die Frage gestellt, was eigentlich die wichtigste Eigenschaft eines Stadtführers ist? Viele werden sagen, es ist wichtig, die Sprache zu beherrschen, andere sagen, es ist wichtig, sich gut in der Stadt auszukennen und Menschen begeistern zu können. Wiederum andere werden sagen, die wichtigste Eigenschaft eines Stadtführers sei es vielleicht, ein Erkennungszeichen zu haben – der berühmte Regenschirm; wiederum andere werden anmerken können, dass die wichtigste Eigenschaft eines Stadtführers ist, ganz spannende Geschichten zu erzählen. Die aber banalste und wichtigste Eigenschaft eines Stadtführers ist eine andere: Sie besteht darin, zu wissen, wo er die Menschen abholen muss! Wenn ich als Stadtführer nicht weiß, wo sich die Gruppe befindet, die ich durch die Stadt führen soll, dann nutzen mir die tollsten Geschichten und die beste Ortskenntnis nichts.

 Man muss die Menschen da abholen, wo sie stehen.

Aus Friesland

Viele kennen diesen Ausspruch aus unterschiedlichen Zusammenhängen, sei es aus der Pädagogik, aus Führungskräftetrainings etc. Der Satz „Man muss die Menschen da abholen, wo sie stehen" ist ein sehr häufig strapazierter Satz. Allerdings wissen die wenigsten Menschen, dass dieser Satz einen weiteren wichtigen Teil beinhaltet und der zweite Satz in den meisten Fällen immer verschwiegen wird. Das Sprichwort geht weiter und lautet vollständig: „Man muss die Menschen da abholen, wo sie stehen, und dann dahin rudern, wo sie nicht mehr stehen können." Das genannte Sprichwort ist sehr beliebt, aber nicht ganz ungefährlich. Hier wird nicht motiviert, sondern Angst und Unsicherheit werden erzeugt, um Menschen zu manipulieren, um sie in eine bestimmte Richtung zu drängen. Und das ist alles andere als hilfreich und gerade nach traumatischen Ereignissen besonders schädlich, denn nach solchen belastenden Schicksalsereignissen ist es ganz wichtig, dass das grundlegende Sicherheitsgefühl eines Menschen sehr schnell wieder hergestellt wird. Sicherheit ist ganz wichtig für die Entwicklung von Gesundheit.

Wenn die Seele brennt, muss der Kopf Wasser holen!

© Liane Metzler

4   Jeden Tag in der Zuvielisation

Man braucht im Grunde genommen nur jeden Tag in die Zeitung zu blicken, den Fernseher anzuschalten oder die Nachrichten zu hören, um festzustellen, dass der Tag voll ist mit traumatischen und belastenden Nachrichten. Jeden Tag geschehen Unfälle, Überfälle, Schicksalsschläge, leidvolle Erfahrungen, Krisen und das tägliche Unglück. Außergewöhnliche Lebensereignisse gehen letztendlich bei jedem Menschen in den persönlichen Bereich über. Ich bin der Auffassung, dass jeder Mensch in seinem Leben früher oder später einmal

- Kränkungen,
- Demütigungen,
- Verletzungen

erleidet. Die Bereiche, in denen wir Kränkungen, Demütigungen und Verletzungen erleben, sind

- Familie,
- Schule/Beruf,
- Partnerschaft.

Diese Ereignisse verursachen meist noch nach Jahren oder sogar Jahrzehnten ein komisches Bauchgefühl. Mir fällt an dieser Stelle immer mein alter Englischlehrer ein, der sagte: „Lüdke, du sprichst Englisch wie ein pakistanischer Gastarbeiter." Ich musste mich daraufhin in die Ecke stellen, das Gesicht zur Wand drehen und ein Bein in den Papierkorb stellen. Dies war für ihn immer die höchste Form der Demütigung. Wenn ich mich an diese Ereignisse erinnere, kann ich mich heute als Erwachsener darüber amüsieren. Allerdings fand ich das als zehnjähriger Junge sehr schwer kränkend und demütigend. Wenn ich mir dieses Ereignis wieder vor Augen führe, dann kann ich heute immer noch dieses starke Brennen in der Magengegend von damals spüren. Ein anderes Ritual der Lehrer war, dass uns eine Eselsmütze aufgesetzt wurde, wenn wir gestört hatten. Mit dieser Eselsmütze mussten wir dann eine Stunde im Unterricht sitzen, was dazu führte, dass wir von den Mitschülern ausgelacht wurden. Auch dieses Ereignis hat sich körperlich sehr stark in Form von Magenschmerzen verankert.

> **Es gibt 1000 Krankheiten, aber nur eine Gesundheit.**

So haben wir wahrscheinlich alle in der Familie, in der Partnerschaft, in der Schule oder im Beruf Ereignisse erlebt, die uns nachhaltig sehr schwer gekränkt haben. Das kann die Trennung vom ersten Freund/der ersten Freundin sein, die erste Kündigung, der große Liebeskummer, starke Veränderungen im privaten oder beruflichen Bereich, Situationen, in denen wir Angst hatten, dass die Welt morgen untergeht und wir das nicht überstehen. Aber wir haben es geschafft, denn sonst wären wir heute nicht hier und dass wir heute noch am Leben sind, verdanken wir einer der wichtigsten Einrichtungen der Natur, die wir als sogenannte *Fähigkeit zur Selbstrettung* oder *Selbstheilung* bezeichnen.

Wir alle haben Kräfte der Selbstheilung in uns!

© Liane Metzler

Wir entwickeln durch diese Erlebnisse ganz persönliche und individuelle Bewältigungsstrategien; manche Menschen finden in einsamen Spaziergängen zur Ruhe und ziehen sich eine Weile zurück; andere haben Freunde oder suchen sich Menschen, mit denen sie über das Erlebte sprechen können. Wiederum andere werden kreativ, sie finden Trost in der Musik, beginnen zu malen oder schreiben Gedichte. Egal, was wir nach solchen belastenden und einschneidenden Lebensereignissen tun, alle diese individuellen Selbstrettungsstrategien sind sehr sinnvoll und führen dazu, dass wir persönlich ganz starke Ressourcen an Kraft anlegen, die uns auch heute im gegenwärtigen Leben helfen können, neue und weitere traumatische Ereignisse zu verarbeiten.

Allerdings haben viele Menschen im Lauf der Jahre völlig vergessen, welche Stärken sie in sich tragen. Meine Aufgabe als Psychotherapeut ist es, die altbekannte psychotherapeutische Hebammenkunst anzuwenden, d. h. das zutage zu fördern, was ein Mensch ohnehin schon an Stärken, an Potenzialen und an Talenten mit sich bringt, um dieses Ereignis dann gut bewältigen zu können.

Menschen, die immer wieder gekränkt, gedemütigt, verletzt oder beleidigt werden und diesen kleinen tausend Nadelstichen permanent ausgesetzt sind, werden irgendwann tatsächlich körperlich krank. „Kränkung macht krank" bedeutet, dass Menschen, die sehr starkem emotionalem Stress ausgesetzt sind – in ihrem Privatleben, in ihrer Beziehung, an ihrem Arbeitsplatz – irgendwann darauf reagieren in der Form, dass zunächst erstmal ihr Immunsystem darauf reagiert.

 Kränkung macht krank und Krankheit kränkt.

Wenn ich mich also gegen alle diese Demütigungen, Beleidigungen, Kränkungen, die ich immer und immer wieder erlebe, nicht mehr wehren kann, dann reagiert mein Körper, mein Immunsystem wird geschwächt. In diesem Moment ist der Weg frei für die Entstehung von Infekten bis hin zur Entwicklung wirklich sehr ernsthafter Erkrankungen.

Umgekehrt ist es so, dass jede Krankheit immer auch als eine Kränkung erlebt werden kann, was bedeutet, dass Menschen körperlich oder seelisch in ihrer Gesundheit beeinträchtigt werden.

 BEISPIEL

Ein junger Profifußballer erlebt einen sehr schweren Auto-unfall. Die Ärzte erklären ihm, dass er weiterhin alles in seinem Leben tun kann, aber nur eines definitiv nie wieder – Fußball spielen.

Hier wird einem jungen Menschen eine für ihn ganz wichtige Lebensgrundlage entzogen, über die er sich identifi-ziert und sein Selbstwertgefühl gestärkt hat. Dadurch, dass diese wichtige Tätigkeit nicht mehr ausgeübt werden kann oder eingeschränkt wird, kann der Betroffene eine soge-nannte „narzisstische Kränkung" entwickeln, d. h. sein Selbstwertgefühl wird stark erschüttert oder verletzt und kann sich zusätzlich negativ auf die Gesundheit auswirken.

Deshalb ist es sehr wichtig, im Hinterkopf zu behalten, dass Menschen, die ein belastendes oder traumatisches Erlebnis hatten, das Geschehene immer auch als eine Kränkung erleben.

Hier setzt im Übrigen einer der Punkte an, die dazu beitragen, die Gesundheit eines Menschen wieder herzustellen, wie wir später dann noch sehen werden. Der o. g. Profifußballer erlebte am Ende dann doch ein Happy End: Zwar konnte er aktiv keinen Fußball mehr spielen doch, durch den Unfall bedingt, war er nun mehr bei seiner Frau und seinen Kindern und gewann immer mehr Freude an seiner Vaterrolle und dem Familienleben.

Dieser schöne Ausspruch von Eugen Roth ist eine gute Verdeutlichung dessen, was Gesundheit und Krankheit ausmacht – wenn sich unsere Gesundheit verändert, dann reagiert zuerst der Körper. Wir sehen diese Veränderungen zunächst an körperlichen Symptomen:

> **Zwei Dinge trüben sich beim Kranken**
>
> a) der Urin
> b) die Gedanken
>
> *Eugen Roth*

Hier trübt sich der Urin als Erstes, und als Zweites verfinstert sich die Gedankenwelt. Also nach dem Körper reagieren unsere Gedanken. Es verändern sich sehr schnell unsere Gedankenwelten, Lebensentwürfe brechen zusammen, wir können hoffnungslos oder hilflos werden, wir können Ängste entwickeln oder das Gesamte, was wir erlebt haben, kann sich so massiv auf unsere Gedankenwelt niederschlagen, dass wir uns in uns zurückziehen, den Kontakt zur Außenwelt abbrechen und damit sehr starke Ängste, Depressionen oder auch Persönlichkeitsveränderungen erleben können.

Das menschliche Gehirn und dessen Funktionsweise sind wichtig für die Bewältigung von traumatischen Ereignissen. Unser Gehirn hat unter anderem die Aufgabe, unser Überleben zu sichern. Die nachfolgenden Ausführungen sollen einen kleinen Einblick in die Erkenntnisse der Gehirnforschung geben und zeigen, wie Sie Bilder und Gedanken zu Heilmitteln werden lassen können.

> **Das menschliche Hirn ist eine großartige Sache. Es funktioniert vom Augenblick der Geburt bis zu dem Zeitpunkt, wo du aufstehst, um eine Rede zu halten.**
>
> *Mark Twain*

Viele Menschen werden sich in diesem doch sehr treffenden Zitat von Mark Twain wiederfinden. Die meisten von uns waren vermutlich schon in einer Situation, in der wir starkem, emotionalem Stress ausgesetzt waren, etwa vor einem schwierigen Gespräch oder in einer Prüfungssituation. Zuvor haben wir alles noch gewusst, es war alles präsent und plötzlich haben wir eine Sprechbremse, entwickeln einen Tunnelblick oder haben das berühmte Brett vor dem Kopf. Wir erleiden einen völligen Gedächtnisverlust und sind nicht mehr in der Lage, so zu reagieren und das zu tun, was wir eigentlich tun wollten.

Das kann dann oft zu Verwirrung und völlig chaotischen Reaktionen führen. Ein weiteres altes deutsches Sprichwort sagt, dass ungeordnetes Wissen sei wie Hausrat auf einem Leiterwagen. Man weiß, wo es ist, aber man kommt nicht dran. Das Gleiche gilt im Grunde genommen auch für unsere Ressourcen und Selbstheilungsmechanismen: Wir wissen vielleicht noch, dass es sie gibt, dass wir auch solche Situationen überstanden haben, aber wir haben keine Ahnung, wie wir in diesem Augenblick das Richtige tun können, damit es uns wieder besser geht.

Wie unser Gehirn unter Stress arbeitet und funktioniert, kann man sehr schön an einer Übung ausprobieren, wenn man z. B. einmal mit einer Gruppe arbeitet:

 PRAXISTIPP

Stellen Sie sich vor die Gruppe und erklären Sie, dass Sie anhand einer schwierigen Übung demonstrieren möchten, wie das Gehirn unter starkem, emotionalem Stress arbeitet.

Dann sagen Sie zu der Gruppe: „Ich möchte Ihnen jetzt einmal demonstrieren, wie unser Gehirn unter starkem, emotionalem Stress arbeitet. Für diese schwierige Übung bräuchte ich bitte mal einen Freiwilligen!"

Sie können sicher sein, dass sich nach dieser Frage niemand spontan melden wird. Manchmal vergehen Minuten, bis ein Teilnehmer oder eine Teilnehmerin sich dann erbarmt, quasi freiwillig nach vorn zu kommen.

In dem Moment, wo wir einen Freiwilligen haben, fordert man ihn auf, in einer Übung bitte einmal den folgenden Satz nachzusprechen:

„Zweibein sitzt auf Dreibein und isst Einbein, dann kommt Vierbein und nimmt Zweibein das Einbein weg, daraufhin wirft Zweibein dem Vierbein das Dreibein wütend hinterher."

Was mit dieser Übung gezeigt werden soll ist Folgendes: In dem Moment, wo ich vor einer Gruppe sage: „Ich brauche für eine schwierige Übung einen Freiwilligen", erinnern sich die Menschen in Bruchteilen von Sekunden daran, welche Erfahrungen sie gemacht haben, sich einmal freiwillig zu einer schwierigen Übung gemeldet zu haben.

Die Erfahrungen waren oft peinlich und haben wehgetan. Es sind also meist sehr unangenehme Erfahrungen und diese Erfahrungen sind der erste Teil dessen, was wir wahrnehmen. Auf die Erfahrungen folgen die Erwartungen. Das bedeutet, dass wir aufgrund von schlechten Erfahrungen in einer erneuten Situation dann auch die Erwartung haben, dass das, was damals passiert ist, heute wieder passieren wird. Als Menschen haben wir aber die Veranlagung, dass wir unangenehme, schmerzvolle, leidvolle Erfahrungen nicht ein zweites Mal machen wollen. Wir haben daher zahlreiche verschiedene Abwehrtricks auf Lager, die verhindern, dass wir solche belastenden oder auch schmerzvollen Erfahrungen erneut machen.

Um Ihnen einmal ein oder zwei Mechanismen zu nennen, hier ein Beispiel: Wenn ich sage: „Ich brauche einen Freiwilligen für eine schwierige Übung", kommt es in diesem Augenblick als erstes zum Abbruch von Blickkontakt und im Weiteren zu einem Rückzug in die Innenwelten. Ich werde nicht mehr angeschaut. „Freiwilliger für eine schwierige Übung" ist ein ganz starker Reiz – also: Nicht mehr hingucken, wenn es bedrohlich wird, den Kopf langsam zur Seite drehen, mal auf die Uhr schauen, mal gucken, was die anderen machen ...

Gleichzeitig schießen Menschen verschiedene Gedanken durch den Kopf, wie zum Beispiel: „Ich bin doch wegen etwas ganz anderem hier, ich möchte mich hier nicht an einer Übung beteiligen." Oder: „Man muss nur die Nerven behalten, irgendjemand wird sich schon melden." Es erfolgen zusätzlich oft Zuschreibungen, dass der Älteste oder der Leiter einer Gruppe sich doch melden möge. Wie auch immer, es gibt zahlreiche Abwehrtricks, die verhindern, dass ich mich persönlich melde, um hier vielleicht auch eine neue Erfahrung machen zu müssen. Dieser Vorgang ist zunächst eine völlig normale und auch richtige Reaktionsweise unseres Gehirns. Es ist ein Verhaltensmuster und Verhalten ist immer unbewusst. Das Gegenteil von Verhalten ist Handeln. Handeln setzt allerdings voraus, dass ich bei Bewusstsein bin und mich dann entscheiden kann. Das Interessante bei dieser Übung ist, dass nach einem Satz wie: „Ich brauche einen Freiwilligen für eine schwierige Übung" für gewöhnlich niemand nachfragt: „Was muss ich denn tun?", „Erklären Sie bitte einmal, was ist das Schwierige an dieser Situation?" und dann entscheidet, ob er/sie das machen möchte oder nicht. In der Regel führen die Überlegungen, wie gesagt, zu einem unbewussten Verhaltensmuster, dass man eine solche Situation, die sehr unangenehme Erinnerungen auslöst, eher völlig vermeiden will.

Wie im relevanten Praxistipp beschrieben, soll der Freiwillige nun den folgenden Satz wiederholen: „Zweibein sitzt auf Dreibein und isst Einbein, dann kommt Vierbein und nimmt Zweibein das Einbein weg, daraufhin wirft Zweibein dem Vierbein das Dreibein wütend hinterher."

In den meisten Fällen ist die Reaktion auf diesen Satz einfach nur ein verwunderter Blick und die Unfähigkeit, diesen Satz nachzusprechen. Kein normal gesunder Erwachsener ist in der Regel in der Lage, diesen Satz fehlerfrei nachzusprechen, und man benötigt bis zu 150 Wiederholungen. Aber warum ist es so schwer? Das Ganze hat etwas mit der Arbeitsweise unseres Gehirns zu tun, denn unser Gehirn arbeitet in einem ganz wichtigen Bereich ausschließlich in Bildern. Unser Gehirn besteht ja bekanntermaßen aus zwei Hälften. Die linke Gehirnhälfte arbeitet wie ein datenverarbeitender Computer. Sie ist analytisch, sachlich, rational. Über die linke Gehirnhälfte kommen alle Daten, alle Reize und alle Informationen in den Menschen hinein. Sie werden dann über eine kleine Verbindungsbrücke, die beide Gehirnhälften miteinander verbindet und „Corpus callosum" heißt, auf die rechte Gehirnhälfte weitertransportiert. Dort erfolgt die Umwandlung in Bilder und wird auf einer Art „Festplatte" abgelegt.

>> Achte auf deine Gedanken, denn sie sind der Anfang deiner Taten und deiner Handlungen.

Asiatisches Sprichwort

Eine der Haupteigenschaften unseres Gehirns besteht darin, dass wir etwa zu 90–95 % in Bildern denken. Etwa ab dem 3. Lebensjahr beginnen wir damit und als Menschen können wir nicht anders, als in Bildern zu denken. Wenn man einem Menschen z. B. sagt: „Bitte denken Sie jetzt nicht an ein Känguru", taucht genau in diesem Augenblick das Känguru im Kopf auf. Da es aber nicht lebensnotwendig ist, immer an ein Känguru zu denken, wird dieses Bild kurze Zeit später als Gedächtnisinhalt abgelegt. Unser gesamtes Denken, Fühlen und Handeln wird zu einem Großteil durch die Bilder, die wir in uns tragen und die uns oft unbewusst sind, geleitet und bestimmt. Nicht viele Menschen nehmen immer und jederzeit wahr, welche Bilder gerade verantwortlich sind für ihre jeweilige Reaktionsweise und so tragen wir sehr viele schöne, aber eben manchmal auch sehr unangenehme Bilder in uns. Aber zunächst erst einmal zurück zu dem Satz, den ich eingangs genannt habe. Der Satz ist sehr schwer zu wiederholen, weil dabei nur die linke Gehirnhälfte angesprochen wird. Dadurch entstehen im Kopf aber keine Bilder und wenn wir keine Bilder im Kopf haben, können wir etwas nicht wiederholen. In dem Moment, wo wir uns Bilder bewusst machen, können wir auch einen solchen, teilweise sehr schwierigen Satz dann völlig fehlerfrei wiederholen. Ich möchte einmal die Bilder bewusst machen, die sich hinter dem Satz befinden:

Zweibein, das ist ein Mensch, weil er zwei Beine hat. Dreibein, das ist ein Hocker, der drei Beine hat. Einbein könnte zum Beispiel ein Eisbein oder eine Hähnchenkeule sein, und Vierbein ist der Hund. Wenn ich den Satz nun erneut zusammensetze, dann würde er lauten:

„Der Mensch sitzt auf dem Hocker, isst ein Eisbein, dann kommt der Hund, nimmt dem Menschen das Eisbein weg. Daraufhin wirft der Mensch dem Hund den Hocker wütend hinterher."

In der Übersetzung noch einmal:

„Zweibein sitzt auf Dreibein und isst ein Einbein. Dann kommt Vierbein, nimmt dem Zweibein das Einbein weg, daraufhin wirft Zweibein dem Vierbein das Dreibein wütend hinterher."

Probieren Sie es nun einmal für sich aus!

Denken Sie in Bildern und lassen Sie diese Bilder vor Ihrem inneren Auge erscheinen und ablaufen.

© Liane Metzler

Wir denken als Menschen fast ausschließlich in Bildern und gerade diese Bilder bestimmen unser Verhalten und auch unser Erleben. Daher ist es wichtig, auf die *richtigen* Bilder und auf die Gedanken, die diese Bilder erzeugen, zu achten. Die richtigen Bilder erzeugen auch die richtigen Handlungen und können somit maßgeblich dazu beitragen, dass wir unser Verhalten in die richtige Richtung steuern. Häufig wird diese Methode aber nicht angewandt.

BEISPIEL

Eine Mutter ist mit ihrem Kind im Stadtpark unterwegs. Die Mutter ruft plötzlich: „Geh nicht so nah an den Teich, sonst fällst du noch hinein!"

Das Kind hat nun genau dieses Bild im Kopf und die Wahrscheinlichkeit, dass es in den Teich fällt, ist wesentlich größer, als wenn man das Kind dazu auffordern würde herzukommen oder stehen zu bleiben.

Es ist also wichtig, dem Gehirn immer genau das zu sagen, was es tun soll und nicht das, was es nicht tun soll, weil unser Gehirn das Wort „nicht" nicht versteht. Das Beispiel von vorhin – „Bitte denken Sie nicht an ein Känguru" – ist sehr anschaulich hierfür. In der Realität gibt es zahlreiche Beispiele, in denen dies nicht gemacht wird. Häufig kann man z. B. in Hotels an Fahrstühlen ein Schild sehen, auf dem steht: „Bitte im Brandfall nicht benutzen". Unter Stress laufen Menschen allerdings in Brandsituationen gerade in den Fahrstuhl hinein. Hier wäre es besser und hilfreicher, dem Gehirn auch zu sagen, was es tun soll, also ein Schild anzubringen, auf dem steht: „Im Brandfall bitte die Treppe benutzen!"; oder ein klares Verbot aussprechen: „Im Brandfall betreten verboten!" Das würden wir uns merken und an das würden wir uns dann auch in einer Extremsituation erinnern.

So funktioniert letztlich unser Gehirn; es ist ganz einfach: Es gibt nur „an" und „aus", und auch in der Verarbeitung von traumatischen Ereignissen muss ich durch die Art und Weise meiner Gedanken dem Gehirn sagen, was es tun soll.

In unserem Gehirn gibt es nur „an" und „aus"!

© Liane Metzler

Ich muss zunächst eine Vorstellung davon bekommen, wie es sein könnte, wenn es mir wieder besser geht. Das Wort „nicht" sollte von daher am besten aus dem Wortschatz gestrichen werden. Wenn Sie gerne mit Gruppen oder mit Teams arbeiten, dann gibt es eine weitere Demonstration unserer Verhaltensmuster, indem man vor die Gruppe tritt und sagt: „Ich möchte Ihnen nun eine weitere wichtige Funktionsweise unseres Gehirns erklären. Versuchen Sie bitte einmal aufzustehen!" In der Regel passiert dann gar nichts, niemand steht auf, weil das Gehirn auch das Wort „versuchen" nicht versteht. Als Wiederholung dessen, was ich gerade beschrieben habe, gilt auch hier, dem Gehirn zu sagen, was es tun soll: „Bitte aufstehen!", „Bitte hinsetzen!" und das Wort „versuchen" unbedingt vermeiden. Wenn wir sagen „Ich versuche jetzt erst einmal, die Tasse dorthin zu tragen, ohne den Kaffee zu verschütten", geht das in der Regel schief. „Ich versuche einmal, die Prüfung zu machen", „ich versuche jetzt, dieses schwierige Gespräch zu führen" …

TIPP

Wir sagen uns besser: „Ich schaffe das, ich kann das, ich bin gut, ich bin sicher, ich werde das sehr gut machen." Hier gilt es, dabei die Gedanken genau in die Richtung zu lenken, in die ich möchte und nicht auf das zu blicken, was im Grunde genommen meine Katastrophenphantasie sein könnte, denn je schlimmer ich denke, desto schlimmer wird das, was ich dann erlebe.

Ich möchte Ihnen eine Schätzfrage stellen: Die Distanz von der Erde bis zum Mond beträgt ungefähr 384.000 km. Was glauben Sie, wie viele Leitern benötigen Sie, um von der Erde auf den Mond zu gelangen? Richtige Antwort ist: *Eine*, sie muss nur lang genug sein.

Das bedeutet, wir brauchen nicht tausend verschiedene Techniken oder Konzepte, die wir aneinander reihen, um unser Ziel zu erreichen, sondern eine Methode, eine Strategie. Ein Weg ist komplett ausreichend, um ans Ziel zu gelangen, egal, wie lang der Weg ist. Auch wenn Ihr Weg aus der Krise manchmal lang erscheint: Behalten Sie Ihr Ziel im Auge, machen Sie kleine und sichere Schritte und bleiben Sie auf Ihrem Weg, dann werden Sie Ihr Ziel erreichen. Sie können sich dabei auch daran erinnern, was Ihnen in der Vergangenheit schon einmal geholfen hat, erfolgreich zu sein. Bleiben Sie dabei und nutzen Sie diese Ressource.

Für die Steuerung von Heilverläufen und die Wiederherstellung von Gesundheit gilt ebenfalls, dass wir uns für eine Methode, ein Verfahren entscheiden und dann sehr beharrlich weiterverfolgen, um am Ende ans Ziel zu kommen. Man kann dieses Prinzip mit einem kleinen Teelicht vergleichen. Man kann mit einem kleinen Teelicht einen Wassertopf zum Kochen bringen, es dauert nur eine gewisse Zeit. Ein wunderschönes, buntes Feuerwerk hingegen führt zwar oft zu Begeisterungsstürmen, würde aber niemals in der Lage sein, diesen Wassertopf zu erhitzen.

Es gab und gibt unterschiedlich starke, sehr ausstrahlungsstarke und beeindruckende Führungspersönlichkeiten. Eine von ihnen ist sicherlich John F. Kennedy gewesen, der am 25. Mai 1961 sagte:

> Ich glaube, dass diese Nation sich verpflichten sollte, das Ziel zu erreichen, vor dem Ende dieses Jahrzehnts einen Menschen auf den Mond und wieder sicher zur Erde zurückzubringen.
>
> *John F. Kennedy*

Der wichtigste Teil an diesem Ausspruch von Kennedy ist der letzte Satz „...und wieder sicher zur Erde zurückzubringen.", denn es ist keine große Kunst, einen Menschen auf den Mond zu schießen, schwierig und problematisch ist es, einen Menschen auf den Mond zu schießen und dann wieder sicher zur Erde zurückzubringen. Es geht hier also um Kontrolle und Sicherheit und hier gilt die altbekannte Weisheit: „Vertrauen ist gut, Kontrolle ist besser". Gleiches gilt auch für Heilverläufe und die Wiederherstellung von Gesundheit. Ich muss hier immer wieder die Möglichkeiten haben, mich selbst von innen zu kontrollieren oder auch von außen – ob durch gute Freunde oder professionelle Hilfe. Jede Kontrolle von außen führt am Ende zur Selbstkontrolle und von daher ist Kontrolle überhaupt nichts Negatives, sondern sie ist eine ganz wichtige Voraussetzung dafür, dass ein Mensch lernt, durch Kontrolle von außen sein eigenes Verhalten und sein eigenes Handeln zu kontrollieren und darüber eine hohe Selbststeuerungsfähigkeit zu entwickeln. Diese entwickelte Selbststeuerungsfähigkeit ermöglicht es einem dann, alleine und aktiv auf seine eigene Befindlichkeit und damit auf seine Gesundheit einzuwirken.

Ich habe lange überlegt, wie ich die Krankheitslehre der westlichen Schulmedizin in einem einzigen Satz fassen könnte und nach langem Überlegen fiel mir dieser ein: „Was fehlt uns denn?" Dieser Satz ist mir in Erinnerung gekommen, als ich an meine Kindheit und meinen damaligen Hausarzt gedacht habe, der immer dann, wenn ich in seine Praxis kam, fragte: „Na Christian, was fehlt uns denn?" Manche Menschen behaupten, dass es auch heute immer noch Medizinmänner in Deutschland gäbe, die diese Frage an ihre Patienten richten. Ohne es zu wissen, hat dieser alte Hausarzt schon vor mehr als 40 Jahren die westliche Schulmedizin in einen Satz gefasst, denn viele Mediziner und viele Menschen gehen auch heute immer noch davon aus, dass wir Menschen krank werden, weil uns etwas fehlt. Das ist ein defizitärer Ansatz; denn nicht in allen Kulturen und nicht in allen medizinischen Ausrichtungen geht man davon aus, dass der Mangel an etwas die Ursache einer Krankheit sein muss:

INFORMATIONEN

Menschen werden nicht unbedingt krank, weil ihnen etwas fehlt, sondern weil sie zu viel von etwas haben. „An innerer Hitze leiden" heißt im Chinesischen „Shanghuo". Kopfschmerzen heißt „Toutong". Das chinesische Wort für Kopfschmerz, Entzündung etc. bedeutet in der Übersetzung sinngemäß „Feuer" (huŏ). Wer also zu viel Feuer im Kopf hat und in China zu einem traditionellen Mediziner geht, erlebt etwas anderes als in der deutschen Schulmedizin.

In China wird dann der Mediziner nicht den Kopf behandeln, sondern er wird mit großer Wahrscheinlichkeit die Füße oder die Knie behandeln, um die Energie, die sich zu viel im Kopf befindet, über die Meridiane in ein Körpergleichgewicht nach unten zu leiten, um so das Gleichgewicht und damit die Gesundheit wieder herzustellen.

Mit diesem Beispiel möchte ich nur zum Ausdruck bringen, dass man bei dem Thema Gesundheit immer mehrere Perspektiven, immer mehrere Dimensionen und unterschiedliche kulturelle Ausrichtungen berücksichtigen sollte und das Ganze nicht nur eindimensional betrachten darf. Es gibt Menschen, die *zu viel* Trauer in sich tragen, *zu viel* Enttäuschung, *zu viel* Aggression, *zu viel* Wut... und dieses *Zu viel* von einer Gefühlsenergie kann dann so belastend sein, dass das Erlebte am Ende krank macht. Daher ist es manchmal hilfreich, zu schauen, ob dem Menschen, dem es nicht gut geht, unbedingt etwas fehlt, oder ob dieser Mensch möglicherweise – als Reaktion auf ein außergewöhnliches Lebensereignis – *zu viel* von etwas in sich trägt.

5 Zwischen Gesundheit und Krankheit

Zu der Frage: „Was heißt Gesundheit?", haben Wissenschaftler und Experten jahrzehntelange Streitgespräche geführt. Man war nicht in der Lage, sich auf eine einheitliche Definition zu verständigen und das führte dann zur Entstehung von teilweise völlig absurden Definitionen, die sich manchmal sogar über viele Jahre offiziell gehalten haben. Eine anerkannte Definition über sechs Jahre lang war einmal die Definition der Weltgesundheitsorganisation WHO, die besagte: „Gesundheit ist das Schweigen der Organe." Ein völlig irrwitziger Satz, denn wenn die Organe schweigen, dann sind wir tot. Zum anderen ist es deshalb schlecht, weil wir als Menschen nur auf unsere Organe reduziert werden und Gesundheit viel mehr ist, als die Abwesenheit von Krankheit.

> **>>** Wer gesund ist, hat viele Wünsche, wer krank ist, hat nur einen.

Ich erlebe es in meinem Beruf immer wieder, dass ich Menschen begegne, die teilweise sehr schwer krank sind, z. B. Krebspatienten, die trotz dieser schweren und unheilbaren Krankheit eine unglaubliche Lebensfreude versprühen, einen unglaublichen Lebensmut haben, der mich sehr dankbar werden lässt, der mich manchmal demütig werden lässt und mich sehr stark beeindruckt.

DEFINITION
Gesundheit ist ein Zustand vollständigen körperlichen, geistigen und sozialen Wohlbefindens, der sich nicht nur durch die Abwesenheit von Krankheit oder Behinderung auszeichnet.

World Health Organisation

Körperliche, seelische und soziale Gesundheit sind miteinander verbunden wie die Teile eines Mobiles. Sobald sich ein Teil bewegt, bewegen sich die anderen mit, und je stärker sich ein Teil bewegt, desto stärker bewegen sich auch die anderen mit, was bedeutet, dass eine Störung in einem Bereich unmittelbar dann auch zu einer Störung des Gleichgewichtes in einem anderen Bereich führt. Wir Menschen sind selten in allen drei Bereichen immer und über längere Zeit im Gleichgewicht: Mal haben wir Ärger zu Hause, dafür läuft es auf der Arbeit gut, mal ist es umgekehrt und zu Hause mit der Familie, mit den Freunden, mit den Kindern ist alles in Ordnung und dafür haben wir sehr großen Stress auf der Arbeit, mit dem Chef und den Mitarbeitern. So kann ein Bereich auf den anderen unmittelbar einwirken. Wenn wir jedoch körperlich, seelisch und sozial im Gleichgewicht sind – und hier gilt das Mittelmaß, denn das mittlere Maß reicht völlig aus im Leben – können wir einen Menschen als gesund bezeichnen. Sigmund Freud wurde einst gefragt, was seiner Meinung nach ein normaler Mensch gut können müsste. Der Fragesteller erwartete vermutlich eine komplizierte, „tiefgründige" Antwort, aber Freud soll einfach gesagt haben: „Lieben und Arbeiten." Es lohnt sich, über diese einfache Formel nachzudenken.

> **Ein Mensch ist dann gesund, wenn er sich in Liebe und Arbeit befriedigend betätigen kann.**
>
> Arbeitest du heute nicht fleißig, dann suchst du morgen fleißig nach Arbeit.

Liebe und Arbeit sind die beiden Bereiche, die unser Leben und unsere Gesundheit ausmachen. Liebe, Partnerschaft, Körperlichkeit, Freunde, Kinder, alles das, was wir in unserer Freizeit machen, was uns unglaublich viel Spaß, Freude und Lust bereitet auf der einen Seite – auf der anderen Seite dann aber die Arbeit, mit der wir oft mehr Zeit verbringen als mit unseren Familien, wo wir mit Menschen zusammen sind, die wir uns nicht immer aussuchen können und bei der wir manchmal Aufgaben verrichten müssen, die nicht immer einen tiefen Sinn ergeben. Daher ist es ganz wichtig, dass wir in Liebe und Arbeit uns befriedigend betätigen können, um so unsere Gesundheit zu erhalten. Wenn wir also beruflich und privat zufrieden sind, vielleicht eine Familie und ein ausreichendes, soziales Netzwerk um uns herum haben, ist das letztlich der beste Schutz, um mit den Belastungen des Lebens gut umgehen zu können.

Die Geschwister Angst und Depression

Emotionaler Stress kann durch eine ganze Reihe von unterschiedlichen Ereignissen ausgelöst werden: Schwere Erkrankungen, der Verlust eines geliebten Menschen, Trennung, Tod, schwere Verkehrsunfälle, negative Erwartungen, Wohnungseinbrüche, Gewaltverbrechen, Bedrohungen, Unsicherheiten und auch Terroranschläge. Emotionaler Stress führt am Ende immer zu psychischen Belastungen. Von allen psychischen Belastungen, die wir kennen, bleiben am Ende in den meisten Fällen nur zwei übrig: Angst und Depression. Angst und Depression kann man sich wie Zwillingsgeschwister vorstellen. Zuerst kommt die Angst ins Leben und dann die Depression. Es ist relativ leicht, diese beiden Belastungen zu verstehen: Wer Angst hat, richtet seinen Blick innerlich in die Zukunft. Wer mit Depressionen reagiert, richtet seinen Blick innerlich in die Vergangenheit. Hier kann schon allein ein Perspektivenwechsel um 180° ausreichen, um einen Heilprozess einzuleiten.

TIPP

Wer Angst hat, kann sich innerlich umdrehen und in die Vergangenheit blicken und sich zum Beispiel an die größten Erfolge im Leben zurückerinnern.

Wer depressiv reagiert, kann seinen Blick innerlich in die Zukunft richten und sich vorstellen, was geschehen müsste, damit das Leben wieder zufrieden und glücklich verläuft.

Es ist wichtig, dabei eine Vorstellung zu bekommen wie es sein könnte, wenn alles wieder in Ordnung und unter Kontrolle ist.

Akute Nervenkrisen

Akute Nervenkrisen sind laut Duden nicht nur krisenhafte Schmerzen, sondern beschreiben vor allem eine Phase, in der man auf ein Lebensereignis seelisch heftig reagiert. „Akute Nervenkrise" ist eine umgangssprachliche Bezeichnung für eine Vielzahl von emotionalen Stresssituationen: Angst,

Schrecken, Ergriffenheit, Betroffenheit, Grauen, Schock, Stoß, Entsetzen, Fassungslosigkeit, Panik, Nervenerschütterung, Rührung, Erschrockenheit, Bestürzung, Nervenkrise, Trauma. Im Laufe des Lebens und im Zusammenhang mit den einzelnen Entwicklungsstufen können Menschen unterschiedlichem emotionalem Stress ausgesetzt sein, ausgelöst durch Konflikte, Beziehungsstörungen, Überlastungen, Überforderungen bei der Arbeit oder in anderen lebensgeschichtlichen Zusammenhängen. Emotionaler Stress kann aber auch durch unterschiedliche belastende Lebensereignisse verursacht werden.

Schock und emotionaler Stress

Weltweit führende Universitäten haben Situationen untersucht, die emotionalen Stress auslösen können. Hierzu zählen belastende Arbeitssituationen, Schusswaffengebrauch, Überfälle, Raubüberfälle, Naturkatastrophen, schwere Verkehrsunfälle, Kündigungen, Gewaltverbrechen, schwere Erkrankungen, Einbrüche oder auch Mobbing und Stalking. All diese Ereignisse sind nur eine kleine Auswahl von Situationen, die in manchen Fällen zu einem Trauma führen können. Erwähnenswert und besonders hervorzuheben sind Naturkatastrophen: Bei diesen können Menschen genau das gleiche Leid, genau das gleiche Schicksal erleben wie Menschen bei Gewaltereignissen. Ein Tsunami oder Waldbrand kann den Verlust von einem oder gar mehreren geliebten Menschen bedeuten, Haus und Hof werden möglicherweise zerstört, alles ändert sich, nichts ist mehr so, wie es vorher einmal war ... und dennoch werden bei Naturkatastrophen Menschen in den seltensten Fällen psychisch krank. Nur etwa 2 % entwickeln sogenannte posttraumatische Belastungsstörungen. Dies lässt sich darin begründen, dass die Ursache für das Ereignis der Natur zugeschrieben wird. Die Natur war schuld und es fehlt die Sinnlosigkeit der Tat. Die *Sinnlosigkeit der Tat* macht aber alle anderen genannten Ereignisse erst wirklich zu einem traumatischen Erlebnis.

In diesem Zusammenhang ist es wichtig, auf das Phänomen der sogenannten sekundären Traumatisierung zu achten. Menschen können nicht nur als direkt Betroffene schwer traumatisiert werden, sondern auch als Helfer, Augenzeugen und Angehörige. Man denke an die Feuerwehrleute, die z. B. bei einem Zugunglück Tote und Verletzte bergen müssen. Das kann zu einer eigenen Traumatisierung führen.

Bei den genannten Ereignissen, die einen Schock und emotionalen Stress auslösen können, sind die Themen Mobbing und Stalking ebenfalls zu erwähnen. Hierbei muss man sehr vorsichtig sein, weil, ähnlich wie bei dem Thema Trauma, auch Mobbing und Stalking in vielen Bereichen nur als eine Art Modediagnose gebraucht wird. Die Forschung zeigt, dass bei Mobbing nur etwa 7 % der Menschen tatsächlich gemobbt werden, während es sich in den übrigen Fällen um sogenannte Arbeitsplatzunverträglichkeiten handelt. In den Fällen, in denen Männer wie Frauen aber von ihren Kollegen gemobbt werden, können sie genau die gleichen Symptome und belastenden Reaktionen zeigen wie Opfer aus Gewalttaten. Emotionaler Stress kann im schlimmsten Fall zu einem Trauma führen.

DEFINITION
Trauma ist das griechische Wort für Wunde und wurde im Deutschen ursprünglich von Chirurgen bei der Beschreibung von einer Schnittverletzung benutzt.

Eine Schnittverletzung ist ein Trauma. Sie kann sehr wehtun, aber sie heilt, wenn sie fachgerecht behandelt wird, d. h., wenn die Wunde gereinigt, desinfiziert und abgedeckt wird und man danach Ruhe und Abstand bewahrt. Ähnlich gilt es auch für seelische Schnittverletzungen. Auch eine seelische Wunde heilt von ganz alleine, wenn sie richtig versorgt wird. Hier bedeutet die Wunde zu reinigen, die Betroffenen aufzuklären, sie zu informieren, ihnen Sicherheit zu geben und auch im zweiten Schritt Ruhe und Abstand zu gewähren, damit die Selbstheilungskräfte die seelische Wunde schließen können.

Jeder Mensch wird umgeben von einer Art Ozonschicht, die aus einer Schutzillusion besteht

Jeder Mensch hat um sich herum eine Art Ozonschicht, die aus einer Schutzillusion besteht. Ein Trauma kann sehr schön verglichen werden mit einer Verletzung dieser Ozonschicht. Wir wissen alle, es passieren viele schlimme Dinge auf der Welt. Menschen werden unheilbar krank oder werden in Unfälle oder Überfälle verwickelt. Unsere Ozonschicht oder Schutz-illusion besteht vor allem darin, die schlimmen Dinge, die auf der Welt passieren, nicht auf uns zu beziehen mit Denkmustern wie: „Das passiert nur anderen, mir aber nicht". In dem Augenblick aber, in dem ich selbst, meine Familie oder Freunde betroffen sind, kann diese Ozonschicht so schwer verletzt, so sehr eingeschnitten und erschüttert werden, dass dies ein Trauma zur Folge hat. Man hat in der Vergangenheit in zahlreichen Studien viele Tausende von Traumabetroffenen befragt, was für sie der schlimmste Teil dieses traumatischen Ereignisses war. Die drei häufigsten Mehrfachnennungen waren:

- Verlust von Kontrolle (das bedeutet, viele sagen, es war schlimm, nicht mehr Herr über die Situation gewesen zu sein)
- Verlust von Handlungsfähigkeit
- Verlust von Sicherheit (wird von Betroffenen oft als Schlimmstes empfunden)

Bei einem Trauma geht das grundlegende Sicherheitsgefühl eines Menschen verloren

Durch ein traumatisches Ereignis wird das grundlegende Sicherheitsgefühl eines Menschen massiv erschüttert. Die Welt ist plötzlich nicht mehr sicher: „Ich bin enttäuscht, warum hat es mich getroffen?" „Warum bin ich überfal-len worden?" Warum bin ich krank geworden, wo ich doch immer zur Vorsorge gegangen bin und so gesund gelebt habe?", sind typische Fragen, die sich Betroffene dann stellen. Der Verlust von Sicherheit führt in der Folge zu ganz massiven Enttäuschungen, zu Kränkungen, die sich sehr nachhaltig auf die Gesundheit auswirken können. Es ist also nicht nur das Ereignis *an sich*, das schlimm ist, sondern wiederum die Reaktion, das Erleben, die Wahrnehmung, die Art und Weise, wie ich darüber denke, wenn mein grundlegendes Sicherheitsgefühl erschüttert wird, wenn ich enttäuscht bin, wenn meine Lebensentwürfe zusammenbrechen und die Dinge nicht mehr so laufen, wie ich es gewohnt war. Trauma bedeutet in vielen Bereichen auch die Unfähigkeit zu sprechen, nicht, weil ich nicht sprechen will, sondern weil ich nicht sprechen kann. Emotionaler Stress löst im Gehirn häufig eine so massive Ausschüttung von Stresshormonen aus, dass auch das Sprachzen-trum in Mitleidenschaft gezogen werden kann. Ein Trauma kann auch

bedeuten, dass die Person und die Persönlichkeit eines Menschen schutzlos preisgegeben werden und dass die Seele daran zerreißen kann.

Ein Trauma erschüttert das Sicherheitsgefühl massiv!

© Liane Metzler

Symptome sind die normale Reaktion auf ein „verrücktes" Ereignis

Jeder Mensch, der ein traumatisches, belastendes Lebensereignis erlebt, zeigt immer Symptome, diese sind aber immer eine normale Reaktion auf ein „verrücktes" Ereignis. Nicht ich bin verrückt, wenn ich nicht mehr schlafen kann, sondern das, was ich erlebt habe, ist das Verrückte. Je außergewöhnlicher, je verrückter, je belastender dieses Lebensereignis ist, dem ich ausgesetzt war, desto ungewöhnlicher und belastender können die Symptome und die Reaktionen sein. Die Tatsache, dass Symptome immer eine normale Reaktion auf das verrückte Ereignis sind, spiegelt sich auch in der Hypnotherapie wider, denn dort sagt man z. B. „Probleme sind Lösungen." Übertragen auf die Symptome heißt es nichts anderes, als dass Symptome auf den Heilverlauf hindeuten, d. h. jedes Symptom, das ein Patient zeigt, trägt in sich schon einen Lösungsansatz. In der Behandlung und Stabilisierung von Menschen ist es daher wichtig, genau auf die Symptome zu achten und hierbei die

Positive Psychotherapie zu berücksichtigen. *Positive Psychotherapie* bedeutet, einem Patienten zu erklären, was das Gute in dem Schlechten ist, was der Lösungsansatz ist, der in dem Symptom durchschimmert.

Die Thematik der Positiven Psychotherapie wird im Kapitel 6 „Psychotherapie – Eine Gebrauchsanweisung" noch genauer ausgeführt.

Jedes Problem trägt in sich schon die Lösung

© Liane Metzler

Reaktionen auf emotionalen Stress: Fliehe, kämpfe oder erstarre!

Viele unserer Verhaltensweisen und Reaktionsformen werden über genetische Informationen gesteuert. Eine Vielzahl hat sich im Laufe der Menschheitsentwicklung komplett verändert. Unser Essverhalten beispielsweise. Essen hat heutzutage eine völlig andere Funktion übernommen. Essen tröstet, Essen hat etwas mit Kommunikation, Frustbewältigung oder anderen Dingen zu tun.

> »» In der Steinzeit haben wir immer etwas gegessen, wenn etwas vorbeigekommen ist, und heute essen wir immer, wenn wir irgendwo vorbeikommen.

Wissenschaftler sind sich seit vielen Jahren darüber einig, dass unsere Vorfahren in der Steinzeit pro Tag 10 bis 30 km gelaufen sind, bevor sie etwas zu essen bekamen. Gegenwärtige Studien zeigen, dass sich der durchschnittliche Bundesbürger heute pro Tag nur noch maximal 700 m bewegt.

Dazu kommt dann noch unser geändertes Essverhalten. Die Folge ist, dass in Deutschland mittlerweile jeder dritte Erwachsene übergewichtig ist. Schauen wir uns die Kinder und Jugendlichen an, so sehen wir bei ihnen auch schon eine ähnliche Entwicklung. Aus diesem Übergewicht können sich früher oder später ernsthafte Erkrankungen, wie zum Beispiel Stoffwechselerkrankungen, Diabetes etc. entwickeln.

Es gibt aber eine genetische Information, die seit der Steinzeit bis heute völlig unverändert geblieben ist: *Fliehe! Kämpfe! oder Erstarre!* Diese bildet einen der wichtigsten Schutzmechanismen in unserem Körper, der uns vor seelischen und körperlichen Verletzungen beschützt. Wenn ein Mensch in der Steinzeit unterwegs war und plötzlich ein Rascheln im Gebüsch hörte, einen Säbelzahntiger, eine Bedrohung sah, dann war der erste Impuls, den sein Organismus uns aussandte: „Fliehe – Flucht, schnell weg hier, abhauen, das ist immer das Beste." Wenn wir nicht fliehen können, dann tritt der zweite Impuls in Kraft: „Kämpfe!" und versuche, die Situation aktiv zu bewältigen. Wenn die Situation aber so ausweglos, so bedrohlich ist, dass ich weder fliehen noch kämpfen kann, dann tritt der dritte Zustand ein, die Erstarrung, das ist der Totstellreflex. Es ist aus der Verhaltensforschung bekannt, dass viele Tiere beim Anblick eines Angreifers erstarren, weil diese Bewegungsunfähigkeit oder Bewegungslosigkeit dazu führt, dass der Angreifer von seinem Opfer ablässt. Die Säbelzahntiger aus der Steinzeit haben heute andere Gesichter bekommen. Das kann der Ehemann oder die Ehefrau sein, es kann der Chef sein, der volle Terminkalender oder dieses belastende Lebensereignis, das ich gerade erlebt habe. Aber die genetische Information ist heute immer noch exakt die gleiche, das bedeutet, wenn wir uns bedroht fühlen, wenn wir uns hilflos fühlen, uns in die Ecke gedrängt fühlen, wenn wir emotionalem Stress ausgesetzt sind, dann signalisiert unser Körper uns auch heute immer noch Folgendes:

- Hau ab!
- Raus aus der Situation!
- Flüchten ist das Beste, was wir tun können.

Können wir nicht fliehen, dann kämpfen wir. Nicht unbedingt in einem körperlichen Sinne, sondern wir werden *noch mehr* Lebenszeit, *noch mehr* Lebensenergie aufwenden, um das Problem zu bewältigen. Funktioniert weder der Rückzug, die Flucht noch die aktive Bewältigung, um die Situation zu verändern, dann kommt es zur Erstarrung, d. h. das ist die völlige Erschöpfung, das ist die Ermüdung, das ist der Burnout.

> Sein Blick ist vom Vorübergehn der Stäbe
> so müd geworden, daß er nichts mehr hält.
> Ihm ist, als ob es tausend Stäbe gäbe
> und hinter tausend Stäben keine Welt.
>
> Der weiche Gang geschmeidig starker Schritte,
> der sich im allerkleinsten Kreise dreht,
> ist wie ein Tanz von Kraft um eine Mitte,
> in der betäubt ein großer Wille steht.
>
> Nur manchmal schiebt der Vorhang der Pupille
> sich lautlos auf –. Dann geht ein Bild hinein,
> geht durch der Glieder angespannte Stille –
> und hört im Herzen auf zu sein.
>
> *Rainer Maria Rilke „Der Panther"*

Diese genetische Information „fliehe, kämpfe oder erstarre" ist deshalb so wichtig, weil sie sich in erster Linie auf unserer körperlichen Ebene abspielt. Wir verfügen als Menschen über eine sogenannte Kampf- und Fluchtmuskulatur. Kampfmuskulatur ist zum Beispiel der Bizeps oder die Kiefermuskulatur. Gerade bei letzterer wird dies besonders deutlich. Wenn man seine Gesprächspartner beobachtet und sieht plötzlich, dass die Kiefermuskulatur sehr stark angespannt ist, kann das unter Umständen bedeuten, dass dieser Mensch gerade eine Beißhemmung entwickelt. Er ist sehr aggressiv, möchte sein Gegenüber am liebsten beißen, unterdrückt das, indem er die Zähne fest aufeinanderpresst. Die Fluchtmuskulatur bei uns Menschen ist der vierköpfige Oberschenkelmuskel, der Quadrizeps. Der größte Muskel, über den wir verfügen, ist der *Musculus gluteus maximus*, unser „größter Gesäßmuskel" und nach dem Kaumuskel auch der zweitstärkste. Der Gesäßmuskel und der vierköpfige Oberschenkelmuskel sind verantwortlich für schnelles Rennen.

Wenn wir als Menschen emotionalen Stress erleben, dann spannt unser Körper sowohl die Kampf- als auch die Fluchtmuskulatur zur gleichen Zeit an und es entscheidet sich, in welche Richtung ich reagiere: Kann ich weg, kann ich flüchten oder kann ich aktiv etwas dagegen tun, kann ich kämpfen?

Ist dies alles nicht möglich, dann kommt es zu einer sogenannten unterbrochenen Handlung, einer aktiven Unterbrechung des Kampf-Flucht-Mechanismus, was dazu führt, dass die Kampf- und Fluchtenergie im menschlichen Körper gespeichert wird. Im physikalischen Sinne speichert man Energie in Form von Spannung. Im menschlichen Sinne hingegen speichert man Energie in Form von Verspannungen. Verspannungen bei uns Menschen sind also oft nichts anderes als gespeicherte Kampf- oder Fluchtenergie. Diese Energie wird im Körper festgehalten, weil der Körper das, was er einmal gelernt und gespeichert hat, nicht so schnell wieder freigibt. Das bedeutet z. B., dass die harten Gefühle wie Wut und Aggression in die Kiefermuskulatur und in die Schädelmuskulatur eingespeichert werden. Von dort aus weiten sie sich dann aus, was zu unterschiedlichen Beschwerdebildern führt. Es kommt zur Schiefstellung des Kopfes, zu Problemen mit der oberen Halswirbelsäule, Spannungskopfschmerzen, Migräne, Schulter-/Nackenbeschwerden oder auch Tinnitus im Tieftonbereich.

Weiterhin kann die Kampf-Flucht-Energie auch in anderen Bereichen des Körpers gespeichert werden, wie z. B. im Magen-Darm-Bereich, in den Gelenken oder auch in der Wirbelsäule, wo es zu Bandscheibenvorfällen kommen kann. Da unser Körper aber immer wieder aufgrund der Selbstregulation versucht, dieses Ereignis von ganz alleine zu bewältigen, geht es auch hier weiter, d. h. vor allen Dingen, dass unser Organismus im Schlaf versucht, den Kampf- und Fluchtmechanismus wieder aufzunehmen, also wenn wir einschlafen, läuft im Hintergrund das Programm „Kämpfe – Fliehe".

Immer wieder versucht unser Körper, die Situation neu aufzugreifen, neu durchzugehen, um dann entweder zu flüchten oder zu kämpfen. Dies führt zu unterschiedlichen Reaktionen in Form einer unbewussten Spannungsabfuhr. Eine der häufigsten unbewussten Formen der Spannungsabfuhr besteht darin, im Schlaf mit den Zähnen zu knirschen, mit den Zähnen zu klappern oder zu pressen. Hierbei treten teilweise so starke Kräfte auf, dass die Zähne in Mitleidenschaft gezogen werden. Manchmal wird so stark gepresst, dass sich der Zahnnerv oder die Zahnwurzel entzündet und es darüber zu weiteren Beschwerdebildern bei den betroffenen Menschen kommt.

 INFORMATIONEN

Immer dann, wenn es zu einer unterbrochenen Handlung kommt, d. h., wir weder flüchten noch kämpfen können, speichert der Körper diese Gefühlsenergie, die die folgenden unterschiedlichen Symptome hervorrufen kann:

Angst, Muskelzittern, Tunnelblick, Schweißausbrüche, Infektanfälligkeit, Spannungszustände, Kopfschmerzen, Magen- und Darmbeschwerden, Rückenschmerzen, Zähneknirschen (der medizinische Begriff ist Bruxismus), Konzentrationsschwierigkeiten, Tränenfluss, Ohrgeräusche, Übelkeit, Schwindel- und Ohnmachtsgefühle, Müdigkeit und Antriebslosigkeit. Erschöpfungszustände ohne körperliche Anstrengung, Gereiztheit, starke Stimmungsschwankungen

---

und Gefühlsdurchbrüche, Alpträume, Gedankenterror, Grübeln, andauerndes Gefühl von Betäubt Sein, ein verändertes Zeitgefühl, emotionale Stumpfheit, Gleichgültigkeit gegenüber anderen Menschen, Teilnahmslosigkeit der Umwelt gegenüber.

Kernsymptome eines Traumas

Die Symptome, die nach emotional extrem belastenden Erlebnissen auftreten können, sind vielfältig. Am häufigsten treten jedoch die folgenden drei Kernsymptome auf:

- Erinnerungsattacken
- Vermeidung
- Übererregung

Erinnerungsattacken bedeuten, dass ein Mensch nach einem traumatischen Ereignis sehr belastende Erinnerungsbilder entwickeln kann, die man auch Intrusion, Flashback oder Hot-Spots nennt. Eine Patientin bezeichnete das einmal als eine Art Kopfkino, d. h. die Betroffenen sehen und erleben auf allen Sinneskanälen immer wieder Teile des Erlebten. Es können optische Bilder sein, man sieht beispielsweise immer wieder den eiskalten Blick des Täters oder die Menschen, die aus dem Hochhaus springen. Es können Geräusche sein, die abgespeichert werden, man hört den Knall, den Aufprall etc. Ein Feuerwehrmann, den ich einmal in der Nähe von Köln behandelt habe, litt darunter, dass er sehr starke akustische Erinnerungsattacken hatte, er wurde Wochen zuvor zu einem Fahrzeugbrand gerufen, bei dem eine mehrköpfige Familie in ihrem Fahrzeug verbrannt ist. Der Feuerwehrmann konnte nicht mehr helfen und nicht mehr retten und sagte, er habe Angst, verrückt zu werden, weil er immer wieder die Schreie der Frau und der Kinder hörte.

Andere, belastende Erinnerungsbilder können sich über den Geruch einprägen, z. B. indem ein Mensch immer wieder den Geruch von Blut wahrnimmt. Erinnerungsattacken können sich auf der körperlichen Ebene abspeichern, indem man das Gefühl hat, man spüre die Hand des Täters immer noch am Hals und den Einstich immer noch im Rücken. Phantom-schmerzen oder Schmerzen, für die es keine eindeutige, keine hundertpro-zentig organische Ursache gibt, sind in manchen Fällen Folge von schweren traumatischen Ereignissen und Belastungsreaktionen; hier hat sich also das Trauma im Körper verankert.

In den letzten Jahren hatte ich mit vielen Frauen zu tun, die von ärztlichen Kollegen geschickt wurden. Diese Frauen klagten über nicht erklärbare Unterleibsbeschwerden. Organmedizinisch war alles ohne Befund. Bei nä-herer Diagnostik musste ich feststellen, dass diese Frauen Opfer von Grenz-verletzungen, sexualisierter Gewalt, Missbrauch und Vergewaltigung oder anderen traumatischen Ereignissen geworden sind. Hier hat sich das Trauma körperlich in Form von Schmerzsymptomen festgesetzt. Schmerzen sind in der Diagnose bei seelischen Belastungsreaktionen einer der wich-tigsten Anknüpfungspunkte. Wenn es für Schmerzen keine eindeutige orga-nische Ursache gibt, ist es immer lohnenswert, ein oder zwei Etagen tiefer in die Vergangenheit zu blicken; möglicherweise findet man dort ein Lebens-ereignis, in dem ein Mensch besser hätte fliehen oder kämpfen sollen, es aber nicht geschafft hat und sich dies in der Folge in Form von Schmerz-symptomen niedergeschlagen hat.

Eines der häufigsten psychosomatischen Symptome bei Kindern ist im Übrigen der Bauchschmerz. Häufig auch eine Reizdarmproblematik. Diese Bauchschmerzen sollten immer ernst genommen werden, sie sind für das Kind sehr real.

 INFORMATIONEN

Aus der Hirnforschung wissen wir, dass das Gehirn nur ein einziges Schmerzzentrum für körperlichen und seelischen Schmerz hat – Gyrus cinguli, die Gürtelwindung. Hier kann unser Gehirn nicht zwischen körperlichen und seelischen Schmerzen unterscheiden.

(vgl. Joachim Bauer: „Warum ich fühle, was du fühlst". Hamburg 2006).

Das zweite Kernsymptom ist die *Vermeidung* oder auch *Verleugnung*. Viele Menschen, die ein belastendes Lebensereignis erlebt haben, vermeiden danach vieles, manchmal alles, was sie daran erinnern könnte. Manchmal geht das Vermeidungsverhalten auch so weit, dass die eigenen Gefühle abgeschaltet werden und Menschen dann in eine gefühlsmäßige Vollnarkose verfallen. Sie schalten um auf Autopilot, sie handeln, aber in der darauffolgenden Zeit führt das dazu, dass sich irgendwann diese gefühlsmäßige Vollnarkose löst und es schließlich zum Durchbruch einer posttraumatischen Belastungsstörung kommt.

Männer sind im Übrigen, das zeigen verschiedene Studien, wesentlich verletzlicher als Frauen. Frauen haben hier eine höhere Resilienz, eine höhere Widerstandskraft und sind offensichtlich viel besser in der Lage, mit belastenden Lebensereignissen umzugehen.

> ❯❯ Ob zwei Elefanten sich streiten oder lieben: das Resultat für den Rasen darunter ist das gleiche.
>
> *Indisches Sprichwort*

Das dritte Kernsymptom sind *Übererregungssymptome*. Übererregung kommt in erster Linie durch Schlaf- und Essstörungen zum Vorschein. Als wichtigstes Symptom sind allerdings die Schlafstörungen zu nennen. Als Schlafstörung bezeichnen wir im klinischen Sinne eine Situation, in der ein Mensch über einen Zeitraum von deutlich länger als drei Monaten weniger als sechs Stunden pro Nacht schläft. Bis zu drei Monate nicht richtig schlafen zu können, kann durchaus manchmal normal sein, weil wir alle im Leben Situationen haben, in der wir uns verändern, ein Kind bekommen, uns trennen, ein Haus bauen, einen neuen Beruf antreten etc. All das kann dazu führen, dass sich alles im Kopf dreht, wir nicht richtig schlafen oder wir irgendwie neben uns stehen.

Ein weiteres Symptom sind Essstörungen. Hierbei handelt es sich nicht um bewusste oder unbewusste Einstellungsänderungen zum Essverhalten oder der Auswahl der bevorzugten Lebensmittel. Essstörungen können sehr ernstzunehmende psychosomatische Reaktionen auf emotionalen Stress und Trauma sein und langfristige gesundheitliche Schäden nach sich ziehen. Essstörungen können damit beginnen, dass ein Mensch zunächst einfach vergisst, etwas zu essen. Dann kann später alleine der Gedanke an Essen Übelkeit und Unwohlsein auslösen. Am Ende kann es sogar zu sehr schwerwiegenden Störungen im Essverhalten kommen, die von einer ständigen emotionalen oder gedanklichen Beschäftigung mit dem Essen begleitet werden. Übergewicht, Magersucht, Bulimie etc. können dann folgenschwere gesundheitliche Probleme mit sich bringen. Auch bei Kindern und Jugendlichen können Essstörungen als Reaktion auf emotionalen Stress auftreten, nicht selten in Form von Bauchschmerzen, Reizdarm-Problematiken, Übelkeit und Erbrechen. Essstörungen bei Kindern und Jugendlichen können ein erhebliches Gesundheitsrisiko beinhalten und sollten immer mit dem Kinderarzt besprochen werden.

Weitere Symptome der Erregung sind Schreckhaftigkeit und Konzentrationsstörungen. Ich stehe z. B. vor dem Kühlschrank und weiß nicht mehr, was ich herausholen wollte, oder ich will tanken fahren und stehe dann plötzlich am Supermarkt. Weiterhin ist es so, dass Männer und Frauen grundsätzlich gleich reagieren bei belastenden Lebensereignissen. Lediglich bei Langzeittraumatisierungen scheint es so zu sein, dass Männer mit zunehmender Zeit immer aggressiver werden, während Frauen zur Depression neigen. Möglicherweise hat das biologische Gründe, denn Frauen sind lebensstiftend – sie bringen das Leben auf die Welt – und die Männer müssen die Brut beschützen. Männer haben von Natur aus mehr aggressive genetische Potenziale in sich, die eben dazu führen, die Brut zu schützen. Wenn die gerade genannten Kernsymptome belastende Erinnerungsbilder, Vermeidung, Verleugnung und Übererregung gleichzeitig über einen Zeitraum von deutlich länger als drei Monaten auftreten, dann besteht das Risiko zur Entwicklung einer schweren seelischen Belastungsreaktion, die am Ende auch zu einer weiteren Krankheitsausweitung beim Patienten führt. Bei etwa einem Drittel der Betroffenen ist hier professionelle Hilfe erforderlich, weil diese Symptome nicht von alleine abklingen und den Menschen tatsächlich krank machen würden. Werden diese Kernsymptome für ein Trauma in der Frühphase nicht erkannt oder nicht fachgerecht behandelt, dann führt es dazu, dass die Betroffenen anfangen, sich selbst zu behandeln – dies wird auch im Fachjargon Selbstmedikation genannt. Sie versuchen, beispielsweise mit Hilfe von Alkohol, ihr Trauma über einen sehr langen Zeitraum einzudämmen und in Schach zu halten. Alkohol ist eine der wenigen Drogen, die bewusstseinseinengend wirkt. Aber wie bei jeder anderen

Droge auch, muss beim Alkohol eine Dosissteigerung herbeigeführt werden, um den gewünschten Effekt zu erzielen. Irgendwann bricht das körperliche Schutzsystem zusammen, der Körper wird krank – und der Weg ist frei für den Durchbruch einer schweren posttraumatischen Belastungsstörung, vielfach in Verbindung mit Mehrfachdiagnosen, d. h., neben dem Trauma ist der Mensch zu einer Suchtpersönlichkeit geworden, die zusätzlich unter Angst und Depressionen leidet.

Von daher ist generell immer darauf zu achten oder zu berücksichtigen, dass Menschen, die schwere traumatische Lebensereignisse erlebt haben, immer einem erhöhten Risiko unterliegen, eine Suchtform oder eine Suchtpersönlichkeit zu entwickeln.

INFORMATIONEN

Ein Trauma erschüttert und verletzt die fünf Säulen der Identität eines Menschen:

1. seine Leiblichkeit
2. sein soziales Umfeld
3. seine Arbeit und Leistung
4. seine materiellen Sicherheiten
5. seine Normen-, Sicherheits- und Wertvorstellungen (Selbst- und Weltbild).

Ein Trauma ist
- keine Krankheit
- keine lebenslängliche Strafe

Ein Trauma ist
- eine Störung des Lebensgleichgewichts
- eine radikale Verletzung der persönlichen Unversehrtheit
- die Zerbrechlichkeit der Gegenwart

Wie ein guter Skifahrer zwar nicht die molekulare Zusammensetzung des Schnees kennt, aber ein gutes Gespür für die Situation und Lage auf der Piste hat, so kennen gute Therapeuten und gute Helfer vielleicht nicht die molekulare Zusammensetzung eines schrecklichen Ereignisses, aber sie haben ein gutes Gespür für die Gesamtsituation, in der sich der Mensch befindet und können so einem Menschen sehr gut helfen.

Die häufigsten psychischen Störungen am Arbeitsplatz sind Erschöpfungs-depressionen und Sucht. Wird ein Mensch nach einem belastenden Lebens-ereignis nicht fachgerecht beraten oder unterstützt, dann unterliegt er immer dem Risiko, eine Erschöpfungsdepression zu entwickeln und so die Grundlagen für die Entwicklung weiterer Erkrankungen zu legen. Ein um-gangssprachlicher Begriff für Erschöpfungsdepression ist Burnout.

Die Folgen einer Traumatisierung sind oft sehr gravierend und können auch neben den gesundheitlichen Schäden einen schwerwiegenden gesamtwirt-schaftlichen Schaden anrichten. Ein Drittel der Trauma-Betroffenen erkrankt aufgrund von Langzeitschäden zwischen 3 und 52 Wochen, das bedeutet, es werden Kosten zwischen 4.000 und 50.000 EUR oder sogar mehr pro-duziert. In manchen Fällen kommt es nach einem Raubüberfall dazu, dass die Betroffenen für mehrere Wochen aus dem Beruf ausfallen, weil sie krank sind, zum Arzt müssen, an Reha-Maßnahmen teilnehmen und mehrere Klinikaufenthalte benötigen. Dadurch werden enorme Kosten verursacht und kein Unternehmen kann es sich in der heutigen Zeit erlauben, gute Mitarbeiterinnen und gute Mitarbeiter für längere Zeit im Krankenstand zu haben.

6 Psychotherapie – eine Gebrauchsanweisung

Psychotherapie ist ein Fachberuf für seelische Gesundheit und Krankheit. Therapie ist auch eine Begegnung zweier Menschen, die ein Stück Weg gemeinsam gehen. Der Therapeut ist dabei der Tourguide. Vor allem ist Psychotherapie aber ein Selbstverbesserungsprogramm. Therapie sollte daher immer konkret und erlebbar sein.

Eine erfolgreiche Therapie erkennen Sie daran, dass es Ihnen mit der Zeit tatsächlich besser geht, die Beschwerden nachlassen und Sie sich Ihrer eigenen Kräfte wieder bewusster sind. Gute Psychotherapeuten arbeiten mit Ihnen nicht länger als notwendig und machen sich selbst am Ende überflüssig.

Therapeuten begegnen ihren Patienten immer auch als Mitmenschen; das äußert sich zum Beispiel in der sogenannten parteilichen Abstinenz des Therapeuten. Der Experte bleibt nicht kühl und distanziert, sondern nimmt Anteil an der Geschichte des Patienten. Gute Therapeuten machen sich zum Resonanzboden ihrer Patienten.

 Der Patient macht die Therapie, nicht der Therapeut.

Voraussetzung für eine erfolgreiche Therapie ist nicht nur eine anerkannte und qualifizierte Ausbildung des Therapeuten, sondern ist vor allem ein vertrauensvolles Arbeitsbündnis. Die Beziehung und „atmosphärische Chemie" (ergreifende Gefühlsmächte, die sich randlos ergießen) muss stimmen, sonst funktioniert Therapie nicht. Machen Sie sich ein eigenes Bild in den Erstgesprächen und verlassen Sie sich auf Ihr Bauchgefühl. Wenn Sie auch nur geringste Zweifel haben, schauen Sie sich nach einem weiteren Fachmann oder einer weiteren Fachfrau um. Sprechen Sie in jedem Fall vorher mit einem Hausarzt Ihres Vertrauens.

Hilfesuchende, die sich an einen Therapeuten wenden, sind oft in ihrem Denken, Fühlen und Handeln beeinträchtigt oder blockiert. Hierfür kann es ganz unterschiedliche Gründe geben. Oft sind es allerdings gestörte Beziehungen zu Menschen. Der Therapeut wird dann als Tourguide tätig. Wie ein Reiseleiter kennt er sich in allen Sümpfen aus und kann den Patienten begleiten, den für ihn besten Weg dort wieder herauszufinden. Berücksichtigt werden muss immer der Kontext, in dem sich ein Mensch an einen Therapeuten wendet, wie der Kontakt erfolgt und wie konkret der Behandlungsauftrag lautet. Nur so kann einvernehmlich geklärt werden, ob dieser Therapeut oder diese Therapeutin die oder der richtige ist, um den Menschen in seiner krisenhaften Situation ein Stück weit zu begleiten.

Therapeuten sind sehr gute Beobachter. Sie arbeiten von den Phänomenen, den Strukturen bis zu den Entwürfen. Bei einer vertrauensvollen Arbeitsbeziehung zwischen Patient und Therapeut verbindet sich der Therapeut immer mehr mit seinem Patienten und kann so wertvolle Hilfestellungen geben. Zunächst nimmt der Therapeut Gleichschritt auf (Pacing), um danach den Patienten zu leiten (Leading).

>> Mit einem kurzen Schweifwedeln kann ein Hund mehr Gefühl ausdrücken, als mancher Mensch mit stundenlangem Gerede.

Louis Armstrong

Es gibt unterschiedliche Methoden, wie Therapeuten mit ihren Patienten arbeiten, und manchmal kann es eine geeignete Technik sein, dem Patienten seine Symptome zu beschreiben, um dadurch eine bewusste Verhaltensänderung zu erreichen. Im therapeutischen Prozess wird sowohl das Verhaltensrepertoire als auch das Verhaltensinventar der Patienten berücksichtigt. Das Verhaltensrepertoire umfasst alle gegenwärtigen Rollen, die Menschen in ihrem Leben einnehmen: Ehemann, Ehefrau, Sohn, Tochter, Vater, Kind, Vorgesetzter, Kollegin etc.

Das Verhaltensinventar bezeichnet alle Rollen, die Menschen irgendwann in ihrem Leben einmal einnehmen mussten. Rollen, die wir im Leben einnehmen, sind ein Bündel von Verhaltenserwartungen, die an eine Position oder einen Status gebunden sind.

Eine vom Therapeuten eingangs gestellte Diagnose kann sich möglicherweise im Verlauf des Beratungsprozesses verändern. Es ist sozusagen eine prozessuale Diagnostik und es gibt immer nur eine, für den Moment beste Wahrheit. Alle Interventionen, die zwischen Therapeut und Hilfesuchendem besprochen werden, dienen dazu, den nächsten kleinen Schritt zu tun, der den Patienten sich selbst und seinen persönlichen Zielen näherbringt. Es kann hilfreich sein, sich dabei die Ursprungsfamilie genau anzuschauen und zu ergründen, welche Rolle ein Mensch ursprünglich in seiner Kernfamilie hatte. Diese, in der Ursprungsfamilie gelernten und erworbenen Verhaltensmuster, werden oft ein Leben lang reproduziert, solange sie unbewusst sind. Im Rahmen der therapeutischen Arbeit können diese Muster bewusst gemacht und dann vom Patienten verändert werden, oder es gelingt ihm, seine Einstellung dazu zu ändern. Manchmal kann es durchaus erforderlich sein, eine sogenannte Neubeelterung oder Nachbeelterung (Reparenting) zu initiieren, damit der Patient die Gelegenheit erhält, Dinge, die in der Vergangenheit vielleicht nicht so schön und positiv verlaufen sind, nun anders und besser zu machen.

Um das seelische Immunsystem eines Menschen zu stärken, besteht ein wichtiger Teil eines jeden therapeutischen Prozesses darin, persönliche Ressourcen, Stärken und innere Kraftquellen zu suchen, oder wieder frei zu schaufeln, damit der Patient selbst seine eigenen Selbstheilungskräfte wieder in Gang setzen kann. Therapeutische Prozesse erfolgen sehr oft in drei Phasen:

- Entweder oder
- Weder noch
- Sowohl als auch

Am Anfang eines therapeutischen Prozesses können Patienten aufgrund ihrer hohen Symptomlast und ihres Leidensdrucks oft nur noch schwarzweiß denken, d. h. *entweder* es ändert sich jetzt für sie etwas radikal, *oder* sie können nicht mehr weitermachen. Im Laufe des Therapieprozesses werden Erkenntnisse erlangt, das eigene Verhalten reflektiert und Muster bewusst gemacht, die schließlich zu dem Eindruck bei den Patienten führen, dass es ein „weder noch" gibt: Also ich will *weder* das eine *noch* das andere. Verläuft eine Therapie erfolgreich, steht am Ende des therapeutischen Prozesses ein

„sowohl als auch". Das bedeutet nichts anderes als die Erkenntnis, dass jeder Mensch ein Recht darauf hat, so zu sein, wie er oder sie ist, und dass es hierfür eine Vielzahl von Gründen gibt. Gibt es im Leben eines Menschen Kränkungen, Verletzungen, Demütigungen und Erniedrigungen, können sie das Leben des Patienten zerreißen und mit Gefühlen von Ohnmacht, großer Hilflosigkeit, Verzweiflung und Ausweglosigkeit füllen. Durch die in der Therapie neugewonnenen Perspektiven ist ein Patient aber in der Lage, all diese erlittenen Verletzungen in sein lebensgeschichtliches Ganzes zu integrieren. Patienten erkennen oft, dass durch die emotional belastenden Erlebnisse ihr Leben eine andere Wendung genommen hat.

> Nicht weil es schwer ist,
> wagen wir es nicht, sondern
> weil wir es nicht wagen, ist es
> schwer.
>
> *Seneca*

Das Leben, das ein Patient aufgrund dieser Erlebnisse führt, ist aber nicht schlechter als das Leben anderer Menschen, es ist einfach nur anders. In vielen therapeutischen Prozessen gelingt es Patienten sogar, persönlich zu reifen, weil sie in der Lage sind, das jeweils Gute im Schlechten zu entdecken. Viele Patienten werden achtsamer und leben viel bewusster, weil sie am eigenen Körper erfahren haben, wie zerbrechlich das Leben sein kann und wie schnell das Leben eine ganz andere Richtung einnehmen kann.

Innerhalb der Therapie erfolgt so gesehen mehr oder weniger eine Stärken-Schwächen-Analyse. Das Motto dabei lautet: Schwächen schwächen und Stärken stärken.

TIPP

Lassen Sie uns einmal gemeinsam einen Blick auf die Anatomie des folgenden Satzes werfen: ICH SCHAFFE DAS!

1. ICH: Wenn im Kreuzworträtsel die Frage nach einer Weltmacht mit drei Buchstaben gestellt wird kann es nur eine Antwort geben: „Ich". „Ich" bin der wichtigste

---

Mensch in meinem Leben. Sagen Sie das bitte einmal ganz still und leise zu sich selbst, und nur so, dass sie es allein hören können. Und, wie fühlt sich das an? Gut, oder?!

2. SCHAFFE: Was für ein herrliches Wort: Schaffen. „Schaffen" heißt zum einen „schöpferisch gestaltend hervorbringen, erschaffen, gestalten, tun, einrichten, ordnen" und zum anderen „zustande bringen". Manchmal bedeutet schaffen auch „arbeiten". Also ein überaus positives Wort. Oder wir sind „geschafft" und das Leben macht uns „zu schaffen". Ein anderes Mal „schaffen wir uns etwas vom Halse", oder „aus der Welt", wir „schaffen Tatsachen" oder sind „wie geschaffen" für etwas. Egal, was es ist, wir schaffen es in jedem Fall!

3. DAS: Dieses „Das" kann sehr vielfältig sein. „Das" können die vielen kleinen und großen Erfahrungen sein, die uns kränken und verletzten, manchmal demütigen und traurig werden lassen. „Das" sind auch die vielen kleinen und großen Krisen im Leben, das tägliche Unglück und die außergewöhnlich belastenden Lebensereignisse, die wir alle früher oder später erleben und durchleben.

Positive Psychotherapie

Es kann manchmal durchaus hilfreich sein, einem Patienten auch gewisse Sprachregeln für den Alltag zu vermitteln.

PRAXISTIPP

„Es" und „man" heißt ab sofort immer „ich". Also nicht: „Das kann man so sagen", sondern immer: „ICH kann das so sagen."

Jedes „können", „sollen", „müssen" und „dürfen" kann in den meisten Fällen ersetzt werden durch das Wort „wollen". „Ich kann nicht" bedeutet eigentlich nichts anderes als: „Ich will nicht."

Wenn Therapeuten es schaffen, einem Patienten nicht nur diese relativ einfachen Sprachregeln bewusst zu machen, sondern auch selbst eine positive Sprache sprechen, kann es die Ressourcen des Patienten enorm fördern. Eine positive Sprache zu sprechen bedeutet, jedes, auch noch so unangenehme oder belastende Symptom eines Patienten in eine positive Deutung umzuwandeln.

Das klingt für viele Patienten zunächst erst einmal schwer verständlich, dass sie etwas Positives in dem für sie belastenden Symptom erkennen sollen. Hierbei ist es wichtig zu erklären, dass dieses Symptom ein sehr kreativer Versuch ist, über den Körper das Problem zu lösen.

Kinder und Jugendliche, die nach einer Trennung der Eltern zum Beispiel wieder ins Bett machen, schämen sich oft massiv. Mit einer positiven, psychotherapeutischen Sprache könnte man hier dem Kind sagen: „Du hast die Fähigkeit, von unten zu weinen" oder „Du kannst an einem anderen Ort weinen." Alleine durch eine solche Formulierung kann man dem Kind die Angst nehmen und aus einer zuvor erlebten Schwäche ganz schnell eine Stärke machen und das Besondere des Kindes hervorheben. Zahllose Beispiele für die Positive Psychotherapie finden sich zum Beispiel bei Peseschkian, N.: Psychosomatik und Positive Psychotherapie, Frankfurt am Main 2002. Der therapeutische Prozess führt den Patienten mehr und mehr in die Normalität des Alltages zurück. Der Alltag gibt Sicherheit, da kennen wir uns aus.

Ein weiteres Beispiel sind Schlafstörungen, weil Schlafstörungen eines der häufigsten Symptome sind, die nach belastenden Lebensereignissen auftreten können. Wenn man sich fragt, wie man eine Schlafstörung positiv beschreiben kann, können zwei mögliche Antworten erfolgen: Schlafstörung heißt: „Ich bin ein sehr wachsamer Mensch" oder: „Ich habe die Fähigkeit, mit sehr wenig Schlaf auszukommen". Und so kann man jedes Symptom, das ein Mensch zeigt, immer positiv bewerten, den Sinn darin erkennen und dadurch, dass man versteht, warum dieses Symptom auftritt, findet man auch einen sehr passenden Lösungsansatz.

Der Abschluss einer Therapie ist immer auch ein Abschied. Die Psychotherapeutin oder der Psychotherapeut war für Sie wahrscheinlich eine Zeit lang eine wichtige Person. Vielleicht empfinden Sie das Ende der therapeutischen Beziehung als einen Verlust. Es kann sinnvoll sein, dieses Thema in den letzten Therapiestunden zu besprechen und sich mit den damit verbundenen Gefühlen und früheren Erlebnissen auseinanderzusetzen.

In der letzten Phase der Behandlung geht es darum, Sie auf die weitere Zukunft vorzubereiten. Die Fragen, die sich jetzt stellen können, sind beispielsweise:

- Welches sind die Ziele für Ihre weitere Entwicklung?
- Was werden Sie tun, um das Erreichte zu bewahren und sich Ihren längerfristigen Zielen weiter anzunähern?
- Was können Sie tun, wenn Ihre Beschwerden wieder auftreten oder sich verschärfen?

Eine Therapie schafft natürlich nicht alle Probleme aus der Welt. Das Leben wird auch danach weiter auf und ab gehen. Daran kann auch eine Psychotherapie nichts ändern. Ein Unterschied wird Ihnen aber womöglich auffallen: Das Rauf und Runter macht Ihnen nicht mehr so viel aus. Sie bemerken negative Veränderungen früher und sind eher in der Lage, ihnen aktiv entgegenzusteuern.

Das Auf und Ab des Lebens wird leichter

© Liane Metzler

Die Krankenkassen übernehmen derzeit nur die Kosten für psychoanalytische und tiefenpsychologisch fundierte Psychotherapie sowie für Verhaltenstherapie, wobei Letztere ungefähr die Hälfte der erstatteten Psychotherapien in Deutschland ausmacht. Zwar gelten auch die systemische Therapie und die Gesprächstherapie als wissenschaftlich anerkannt, sie sind aber meist nicht erstattungsfähig. Darüber hinaus wird eine ständig wachsende Zahl von Therapien angeboten, die nicht anerkannt sind, wie etwa die Gestalttherapie oder die Musiktherapie. Hypnotherapie wird von den gesetzlichen Krankenkassen nur in Ausnahmefällen auf Antrag übernommen. Bei Privatkassen sind die Kostenübernahmeregelungen sehr unterschiedlich. Sie sollten sich daher vor Therapiebeginn unbedingt bei Ihrer Krankenkasse über die Möglichkeiten einer Kostenübernahme informieren.

Damit Sie sich orientieren können, hier ein kleiner perspektivischer Überblick:

Der Psychotherapeut

Der Psychotherapeut ist spezialisiert auf Störungen, die seelische Ursachen haben. Diese Störungen beruhen zumeist auf unbewussten Konflikten und Erlebnissen. Wichtig erscheint, dass mögliche organische Ursachen oder Symptome vor der psychotherapeutischen Behandlung abgeklärt werden. Der Psychotherapeut ist in der Regel Diplom-Psychologe mit zusätzlicher Ausbildung als Arzt oder Psychiater. Zu ihm kommen Patienten mit psychischen und psychosomatischen Störungen. Psychische Störungen sind Ängste, Depressionen, Zwänge, Verhaltensauffälligkeiten, Kontaktstörungen, Sexualstörungen, Hemmungen usw. Psychosomatische Störungen, also körperlich-seelische Störungen, äußern sich in Schlafstörungen, Spannungszuständen, Magenbeschwerden, Herz- und Kreislaufbeschwerden, Asthma, Kopfschmerzen, durch rheumatische Beschwerden, gynäkologische Beschwerden, Allergien, Verdauungsstörungen usw. Die Methoden der Psychotherapie bestehen zumeist darin, unbewusste Konflikte aufzudecken, wiederzubeleben und durchzuarbeiten oder mit Hilfe des Gesprächs Konfliktlösungen herbeizuführen.

Die Hypnose und Hypnotherapie

Hypnose ist ein Entspannungsverfahren, das sehr viel damit zu tun hat, sich zu konzentrieren, in Bildern zu denken und die Aufmerksamkeit stark auf und in den eigenen Körper zu lenken. Hypnotherapie unterstützt und fördert sehr erfolgreich die natürlichen Kräfte sowie persönliche Stärken und Ressourcen eines Menschen.

Mittels Hypnose wird ein veränderter Bewusstseinszustand (die sog. hypnotische Trance) erzielt, der von z. T. tiefgreifenden physiologischen und psychischen Veränderungen begleitet ist. Das therapeutische Potenzial dieses Zustandes wird u. a. durch die Möglichkeit verdeutlicht, akute Schmerzen zu unterbinden, sodass ein operativer Eingriff oder Zahnextraktionen ohne Anästhetikum möglich sind.

Hypnotherapie ist eine wirksame Therapieform, die sich bei der Behandlung verschiedenster Störungsbilder bewährt hat, was durch zahlreiche wissenschaftliche Untersuchungen bestätigt wird. Seit 2006 ist Hypnotherapie in Deutschland offiziell als eine wissenschaftlich fundierte psychotherapeutische Methode anerkannt.

Die moderne Hypnotherapie gilt als ein ressourcenorientiertes, psychotherapeutisches Verfahren. Dabei wird das im Patienten vorhandene Reservoir an positiven Erfahrungsmöglichkeiten, latenten Bewältigungsstrategien und eigenen Stärken mit hypnotischen Techniken aktiviert und zur Bewältigung körperlicher/psychischer Probleme genutzt. Die therapeutische Nutzung positiver Lebenserfahrungen des/der Patienten*in wird auch mit Bezug auf den bekannten amerikanischen Hypnotherapeuten Milton Erickson als „Utilisation (Nutzung)" von Ressourcen bezeichnet. Hypnose kann eigenständig oder in Kombination mit anderen Verfahren (wie Verhaltenstherapie oder tiefenpsychologischen Verfahren) eingesetzt werden (vgl. Deutsche Gesellschaft für Hypnose und Hypnotherapie www.dgh-hypnose.de).

Der Kinder- und Jugendlichentherapeut

Der Kinder- und Jugendlichentherapeut hat eine Spezialausbildung in der Behandlung von Kindern und Jugendlichen. Sein psychotherapeutisches Konzept ist verhaltens-, tiefen- und psychoanalytisch orientiert. Im Vordergrund stehen spieltherapeutische Behandlungsformen, zu denen gelegentlich Deutungen des Verhaltens der Kinder hinzukommen. Weiterhin werden gesprächstherapeutische Verfahren verwendet. Auch hier ist eine enge Zusammenarbeit mit dem Facharzt wünschenswert sowie mit den Eltern oder Bezugspersonen und Lehrern.

Der Verhaltenstherapeut

Er ist in der Regel entweder Diplom-Psychologe oder Mediziner und versucht nach den Prinzipien der Lerntheorie, Verhaltensstörungen zu behandeln. Für ihn steht das Symptom im Vordergrund, das als eigentliche Störung gilt. Ein Patient, der unter Ängsten leidet, wird systematisch auf diese Ängste hin behandelt. Die Frage nach der Entstehung dieser Ängste ist demgegenüber sekundär. Der Verhaltenstherapeut geht davon aus, dass die von ihm behandelten Störungen, Verhaltensauffälligkeiten, Ängste, Stottern, Bettnässen, Tics usw. nach bestimmten Regelhaftigkeiten gelernt und entsprechend durch Anwendung der Lerntheorien therapiert werden können.

Der Psychotraumatherapeut

Im Bereich der ambulanten und stationären Therapie von posttraumatischen Belastungsstörungen sind Traumatherapeuten weitergebildete Fachtherapeuten oder Mediziner, die zuvor eine Ausbildung in einem zugelassenen Richtlinienverfahren absolviert haben (z. B. Verhaltenstherapie). Weiterhin gehören zu dieser Gruppe Therapeutinnen und Therapeuten, die eine Heilpraktiker-Zulassung haben oder in einem anderen therapeutischen Verfahren ausgebildet sind (z. B. Gestalttherapie), mit der Zulassung zur Ausübung der Heilkunde auf dem Gebiet der Psychotherapie. Traumaexperten beherrschen die Grundlagen der Psychotraumatologie z. B. Erscheinungsbilder, Erklärungsansätze, Therapieforschung, Besonderheiten der posttraumatischen Belastungsstörung, Diagnostik und Differenzialdiagnostik, frühe Risikoeinschätzung, Stabilisierung, Psychoedukation und psychologische Akutinterventionen.

Der Neurologe

Eine andere Bezeichnung für Neurologe ist Nervenarzt. Er beschäftigt sich mit den Störungen, Verletzungen, Ausfällen und Erkrankungen des Nervensystems und einzelner Nerven. Als Krankheitsbilder finden sich hier: Lähmungen, Sensibilitätsausfälle, Hirntumore, Verletzungen des Zentralnervensystems und der peripheren Nerven und Erkrankungen wie Ischias und Neuralgien. Die Therapie erfolgt zumeist durch Medikamente, Bestrahlungen, elektrotherapeutische Anwendungen und physiotherapeutische Maßnahmen.

Der Psychiater

Der Psychiater ist ebenso wie der Neurologe Arzt. Er hat sich auf die Geistes- und Gemütskrankheiten spezialisiert und beschäftigt sich vor allem mit den sogenannten Schizophrenien, „endogenen" Depressionen, Psychopathien und dem psychischen Erscheinungsbild von neurologischen Störungen. Dies ist auch der Grund dafür, dass in der Bundesrepublik der Psychiater in der Regel auch als Neurologe ausgebildet ist. Im Patientenkreis des Psychiaters finden sich Patienten mit Wahnvorstellungen, Halluzinationen,

Depressionen und Ängsten. Seine Behandlung ist weitgehend medikamentös. Hinzu kommen das psychiatrische Gespräch und in verschiedenen Fällen das autogene Training.

Der Psychoanalytiker

Innerhalb der Psychotherapie gibt es eine Anzahl von verschiedenen Methoden: Die Psychoanalyse nach S. Freud; die Tiefenpsychologie nach C. G. Jung; die Individualpsychologie nach A. Adler; die Logotherapie nach V. Frankl usw. Der Psychoanalytiker ist ein Psychotherapeut, der sich auf die Psychoanalyse nach S. Freud spezialisiert hat. In einer besonderen Ausbildung werden Kontroll- und Lehranalysen durchgeführt. Dadurch wird der Psychoanalytiker in den Stand versetzt, auch die Prozesse, die zwischen ihm und dem Patienten ablaufen, zu kontrollieren. Er stellt das Unbewusste in den Mittelpunkt und betont die Bedeutung frühkindlicher Erlebnisse und der Sexualität. Seine Methode beruht auf freier Assoziation und Deutungen der meist spontanen Äußerungen des Patienten. Die Dauer der psychoanalytischen Therapie beträgt durchschnittlich zwischen einem und vier Jahren.

Der Diplom-Psychologe

Der Diplom-Psychologe hat die Wissenschaft des Erlebens und Verhaltens des Menschen unter besonderer Berücksichtigung der „normalen" psychischen Entwicklung studiert. Zudem kennt er die wesentlichen Störungen im seelischen Bereich und ist Test-Spezialist. Seine Testuntersuchungen geben weitgehend objektiven Aufschluss über die Persönlichkeitsstruktur eines Menschen, bestimmte Fähigkeiten, Leistungen und Störungen. Manche Psychologen sind als klinische Psychologen ausgebildet, sie führen zumeist im Rahmen einer Krankenanstalt Psychotherapie oder testdiagnostische Untersuchungen durch oder sind privat niedergelassen. Die Tätigkeit des Diplom-Psychologen reicht von der Arbeits-, Betriebs- und Unternehmenspsychologie über die Verkehrs- und Rechtspsychologie bis hin zur Klinischen Psychologie. Ein Spezialgebiet ist auch die Kriminalpsychologie. Eine enge Zusammenarbeit zwischen Diplom-Psychologe und Arzt erscheint gerade hinsichtlich der Psychotherapie empfehlenswert.

Die Fachklinik

Im Bereich der Fachklinik für Psychotraumatologie werden Erwachsene – auch Einzelpersonen – und Kinder, die ein psychotraumatisches Erlebnis erfahren haben, aufgenommen. Das Therapiekonzept der stationären Rehabilitation posttraumatischer Belastungsstörungen beruht auf einer ganzheitlichen und integrierten Gesundheitssicherung sowie einer nachhaltigen und alltagsnahen Behandlung von Patienten mit psychischen Störungen nach traumatischen Erlebnissen. Die Beratungsvariante dieses traumatherapeutischen Verfahrens beruht auf der Stabilisierung und Erweiterung der Selbstheilungskräfte der Patienten. Die Behandlung verläuft in verschiedenen Phasen: Förderung des Selbstschutzes, Stabilisierung, Durcharbeitung im Dialog, Neuorientierung und Reintegration.

INFORMATIONEN

Psychotherapie ist:

- ein Fachberuf für seelische Gesundheit und Krankheit;
- eine Heilkunde, die ohne Einsatz von Medikamenten auf die Behandlung seelischer und psychosomatischer Krankheiten, Leidenszustände oder Verhaltensstörungen ausgerichtet ist;
- eine systematische Behandlungsmethode ähnlicher Krankheitsbilder nach vorheriger Diagnose; die Diagnosestellung erfolgt auf der Grundlage von Diagnosestandards und Klassifikationssystemen, dem sog. ICD-11 (Internationale Klassifikation der Krankheiten 10. Revision) und/oder dem DSM-5 (Diagnostic and Statistical Manual of Mental Disorders/Diagnostisches und Statistisches Handbuch Psychischer Störungen 4. Auflage); in aller Regel werden zu Beginn einer Therapie sogenannte probatorische Sitzungen vereinbart; dabei geht es darum, dass sich Therapeut und Patient über einen Zeitraum von fünf Sitzungen kennenlernen, eine Arbeitsbeziehung aufgebaut und eine Diagnose gestellt wird, Vereinbarungen über Behandlungsziele getroffen und Behandlungspläne erstellt werden;
- ein ressourcen- und entwicklungsorientiertes Verfahren zur Persönlichkeitsentwicklung und Gesundheitsförderung wird fundiert und zielgerichtet angewandt.

Woran erkenne ich, dass eine Therapie erfolgreich und danach beendet ist?

- Die Symptome verändern sich, klingen ab und verschwinden mit der Zeit ganz.
- Wenn ich persönlich das Gefühl habe, dass es mir wieder besser geht.

Wenn nach 12 Wochen die beobachtbaren und ungewöhnlichen Symptome nach einem belastenden Ereignis nicht deutlich zurückgegangen sind, Sie abends mit dem Gedanken an dieses Ereignis schlafen gehen und morgens mit dem Gedanken daran wieder aufwachen und/oder Sie in Ihrem beruflichen und privaten Lebensraum durch diese Symptomatik erheblich beeinträchtigt werden, könnte es sehr hilfreich sein, wenn Sie sich von einem psychotraumatologisch weitergebildeten Psychologen/Arzt beraten lassen.

„Eine tragfähige Beziehung und empathisches Verständnis für erlebtes Leid, konkrete Hilfe in Problemlagen, Einsicht in die gesellschaftlichen Bedingungsgefüge der Biografie, des aktualen Lebens und der Zukunftsentwürfe, Bewusstheit für den eigenen Leib, sowie Räume für emotionalen Ausdruck und soziales Miteinander, das ist es, was unsere Patienten brauchen, um gesund zu werden, was Menschen brauchen, um gesund zu bleiben und was Psychotherapie bereitstellen muss, um wirksam zu sein."

Hilarion Petzold

Bei Chronifizierung bleiben die Symptome über den Verarbeitungszeitraum von 12 Wochen hinaus bestehen, oder sie können sich sogar folgendermaßen „ausweiten":

- *Ängste*, die unmittelbar nach dem traumatischen Ereignis aufgekommen sind und die sich zuerst auf spezifische Situationen, Orte oder Personen beziehen, die mit dem Ereignis offensichtlich in

Verbindung stehen (Banken; Personen mit Motorradhelmen; Feld-wege/Straßen, die dem Tatort oder Unfallort ähnlich sehen etc.) können sich ausweiten, zum Beispiel in der Form, dass Ängste entstehen, öffentliche Plätze generell zu betreten, das Haus zu ver-lassen, allen fremden Männern zu misstrauen etc.

- *Stimmungsschwankungen*, die häufig unmittelbar nach einem trau-matischen Ereignis entstehen, können sich ausweiten, so dass zum Beispiel zunehmend weniger Lebensfreude empfunden wird, dass zunehmend weniger „kleine Dinge", wie Essen, Ausflüge, sportliche Aktivitäten etc. genossen werden können, dass Sie zu-nehmend empfinden, schönen Dingen des Lebens gegenüber ab-gestumpft zu sein usw.

- *Zweifel* an sich selbst, an den eigenen Fähigkeiten und Fertigkeiten, können sich ausweiten, so dass Sie zum Beispiel zunehmend be-rufliche und private Herausforderungen und Belastungssituationen vermeiden, dass Sie sich zunehmend aus sozialen Gesellschaften zurückziehen, dass Sie sich zunehmend weniger zutrauen.

Chronifizierte psychotraumatisch bedingte Beschwerden stellen für die be-troffenen Personen ein erhebliches Leidenspotenzial dar. Bei anhaltenden Symptomen und Beschwerden sollte unbedingt professionelle Hilfe (medizi-nisch, therapeutisch) gesucht werden. Die Behandlungserfolge bei speziell traumatherapeutischer Behandlung sind unter günstigen Bedingungen hoch.

7 Gedanken als Heilmittel – die Kraft der inneren Bilder

Die Natur heilt, der Therapeut und der Arzt unterstützen. Jeder Mensch hat von Natur aus die Fähigkeit, mit jedem auch noch so belastenden Erlebnis und mit jedem emotionalen Stress alleine zurechtzukommen. Dafür müssen allerdings gewisse Voraussetzungen erfüllt sein: Wir brauchen Ruhe und Abstand zu dem Erlebten, wir brauchen viele gesicherte Informationen (denn Informationen geben uns Sicherheit) und wir brauchen stabile Menschen in unserer Umgebung. Je größer die Wertschätzung ist, die andere uns in einer schwierigen Lebensphase entgegenbringen, desto besser und günstiger sind unsere Heilverläufe. Als lebender Organismus ist der Körper in der Lage, sich selbst ins Gleichgewicht zu bringen. Dieses Gleichgewichtsprinzip, das bis in jede Zelle des menschlichen Körpers hineingeht, nennen Mediziner *Homöostase*. Neben den körperlichen Fähigkeiten der Selbstregulation verfügen wir Menschen aber auch über die Kraft unserer eigenen Gedanken. Das häufig nicht ganz ernst genommene Motto: „Der Glaube kann Berge versetzen" können Hirnforscher mittlerweile seit vielen Jahren in bildgebenden Verfahren nachweisen. Die Art und Weise, wie wir denken, hat direkten Einfluss auf unsere Gehirntätigkeit und Körperfunktionen.

> ❯❯ Gedanken wirken auf Gefühle und Gefühle wirken auf Gedanken.

Über unsere Gedanken können wir auf unsere Gefühle Einfluss nehmen und letztendlich können wir im besten Fall unsere Gedanken auch als Heilmittel einsetzen. Einfach ausgedrückt bedeutet dies, dass positives Denken uns hilft, gesund zu werden, während negatives Denken uns immer weiter runterzieht und negative Erwartungen auch immer wieder Stresshormone im Körper freisetzen. Wie bereits erwähnt, macht unser Gehirn aus allem, was wir erleben, reine Biochemie. Unser Gehirn kann letztendlich auch nicht unterscheiden, ob ich etwas tatsächlich tue oder ob ich es mir nur vorstelle. Für das Gehirn ist Denken und Vorstellen sowie Fantasie nichts anderes, als Probleme zu behandeln. Deshalb ist es wichtig, dass wir in Bildern denken, dass wir schöne, positive Gedanken haben und dass wir glückliche Momente sammeln, die sich als Bilder im Gehirn abspeichern. Wenn ich in der Lage bin, auch in schwierigsten Zeiten wenigstens *einen* positiven Gedanken zu fassen, dann ist es oft schon der Beginn eines Selbstheilungsprozesses.

Dieses bildhafte Denken – oder mit anderen Worten – die mentale Eigenprogrammierung, ist eine Technik, die wir nicht nur schnell erlernen können, sondern die wir dann auch regelmäßig üben und trainieren müssen. Je öfter und regelmäßiger ich meine Gedanken in die richtige Richtung lenke, desto schneller reagiert mein Körper darauf, sodass Stress und Angst gar keine Chance haben, mich zu ergreifen. So können wir am Ende unser mentales Wohnzimmer ständig bei uns tragen und uns jederzeit innerlich ausruhen und entspannen, selbst wenn alles um uns herum zusammenbricht. Das positive Denken soll am Ende die Entspannung des Körpers fördern und unterstützen. Wenn der Körper in der Lage ist, sich zu entspannen, dann können keine Symptome wie Angst, Depression und Stress auftauchen, denn diese sind körperlich und emotional genau das Gegenteil von Entspannung.

INFORMATIONEN
Wer positiv denkt und manchmal auch da lächelt, wo es eigentlich nichts mehr zu lachen gibt, regt das Gehirn dazu an, Glückshormone wie Serotonin und Dopamin auszuschütten. Diese Hormone wirken als natürliche Stimmungsaufheller und schaffen genau das, was sonst nur Antidepressiva schaffen. Antidepressiva heilen aber nicht, sie behandeln lediglich die Symptome.

Um eine Heilung herbeizuführen, ist es wichtiger, jeweils an die Ursache des Problems heranzugehen. Lächeln, positives Denken und das Teilnehmen am Alltag unterstützen die natürlichen Selbstheilungsprozesse. Der Alltag gibt uns Sicherheit, in ihm kennen wir uns aus. Wenn Sie es schaffen, das positive Denken zu einem festen Bestandteil Ihres täglichen Lebens zu machen, werden Sie innerhalb kurzer Zeit positive Körperreaktionen als Antwort darauf erhalten.

Dass wir unsere Gedanken als Heilmittel einsetzen können, ist in der Medizin seit vielen Jahren unter dem Phänomen des sogenannten Placeboeffektes bekannt. Inzwischen weiß fast jeder Mensch, dass es Scheinmedikamente, sogenannte Placebos, gibt. Einfache Zuckerpillen oder eine Salzlösung bringen Menschen heilende Erlösung. Je größer, bunter und schwerer eine Tablette ist, auch wenn sie nur Traubenzucker enthält, desto besser ist ihre Wirkung. Bei Gastritis, Arthritis, Hepatitis, Neurose, Tuberkulose und sogar noch schlimmeren Diagnosen haben sich Placebos als wirksam erwiesen und in Einzelfällen wurde sogar eine vollständige Heilung mit ihnen erzielt. Aktuelle Studien zeigen, dass selbst wenn ein Patient weiß, dass er ein Placebopräparat bekommt, es dennoch genauso effektiv wirkt.

>> Wahrlich, ich sage euch: Wer zu diesem Berg sagen wird: Hebe dich empor und wirf dich ins Meer!, und nicht zweifeln wird in seinem Herzen, sondern glauben, dass geschieht, was er sagt, dem wird es werden. Glaube kann Berge versetzen.

Markus 11, 23

Placeboforscher konnten auch experimentell erfassen, dass zu jeder Krankheit bestimmte Farben und Formen von Arzneien passen. Beispielsweise helfen bei Schmerzen weiße, mittelgroße und teilbare Tabletten, bei Allergien eher weiße, kleine Pillen und bei Grippe oder anderen Infektionen Kapseln sowie Injektionen. Wirkt der Therapeut zusätzlich selbst davon überzeugt, er gäbe ein richtiges Medikament, so erhöht sich die Erfolgsquote von Placebos bis auf 90 %! Zudem haben Placebos sogar keine Nebenwirkungen. Das Placebo trainiert die körpereigene Immunabwehr und es kostet nichts. Was will man noch mehr?! Placebopillen können Sie auch selbst erwerben, das wird Ihnen die Wirkung keineswegs verderben. Hauptsache ist, Sie glauben, dass das Placebo Wirkung hat, dann erzielen Sie den gewünschten Wirkungsgrad. Glaube kann heilen!

Die Erfolgsquote von Placebos beträgt etwa 20 %, d. h. gesund wird im Schnitt etwa jeder fünfte Patient. Weltweit gesehen sind es zwar ziemlich viele Heilfälle, aber immer noch weniger als durch konventionelle Therapien.

Doch bei allen Beschwerden muss die Behandlung einfach richtig inszeniert werden, damit das Placebo bei jedem richtig einsetzt. Das Stichwort hierbei ist der Glaube (der bekanntlich Berge versetzt). Wenn zum Beispiel ein Patient an moderne Medizin glaubt, macht für ihn der Besuch in einer modernen Klinik nicht nur wegen der wirksamen Medizin Sinn: Lange Flure, weiße Kittel, modernes Laborzubehör, ein Chefarzt, der persönlich mit sicherem Auftreten beeindruckt und der ausführlich die Wirkungsweise von Tabletten erklärt, wecken beim Patienten Vertrauensgefühle. Hinter dem Placeboeffekt steht nichts anderes als die Kraft der Gedanken.

Das Gegenteil vom Placeboeffekt ist der sogenannte Noceboeffekt, der scheinbar negativen Wirkung eines Medikamentes. Viele von uns haben sicher schon erlebt, dass es uns nur beim Lesen des Beipackzettels über die Risiken und Nebenwirkungen eines Arzneimittels übel wird oder sich Kopfschmerzen einstellen. Das bedeutet im Grunde nichts anderes, als dass durch die negative Erwartung im Gehirn Stresshormone ausgeschüttet und Schmerzen erzeugt werden, die über Nervenverbindungen in der Darmschleimhaut das Hormon *Cholecystokinin* ausschütten können, das Angst und Schmerzen verstärkt.

Wenn ein Mensch esoterisch veranlagt ist, hilft ihm nicht unbedingt ein Arzt, sondern eher ein ganzheitlicher Spezialist, der seine Kunst irgendwo in China lange Jahre erlernt und ein entsprechendes Zertifikat an seiner Wand hängen hat. Wenn er dem Patienten sagt, seine Arznei sei ein aus Brennnesselblättern, Hasenharn und Ziegenmist gewonnenes Substrat, das in einem Bioresonanzapparat mit positiver Energie aufgeladen wurde, dann erhöht das den therapeutischen Wirkungsgrad enorm.

 BEISPIEL

Ein junger Mediziner ist verunglückt und liegt in der Klinik. Obwohl er seine Dosis Schmerzmittel erhalten hat, verlangt er nach mehr. Der behandelnde Arzt gibt seinem Drängen nach und verabreicht ihm, wie er sagt, eine Extradosis eines besonders starken Schmerzmittels. Der Patient

---

ist erleichtert. Nach 20 Minuten sind die Schmerzen wie weggeblasen, genau wie er es erwartet hatte. Doch dann, beim Abschied, erfährt er die Wahrheit: Er hatte bloß eine Tablette aus Traubenzucker (ein Placebo) bekommen. Wir wissen es alle und die Forschung hat es längst bewiesen: Die bloße Erwartung, dass ein Medikament wirkt, kann echte Veränderungen im Körper auslösen.

Weitere Placeboeffekte kennen wir beispielsweise aus der Werbung. „Qualität hat ihren Preis!" Diesen Slogan haben die meisten verinnerlicht. So steigert der teurere Energy-Drink die Konzentrationsfähigkeit scheinbar mehr als der preisgünstigere, auch wenn es sich um genau das gleiche Getränk handelt. Unsere Erwartungen steuern unser Erleben, sie sind sogar stärker als die Wirklichkeit. Das, was wir annehmen, finden wir meistens bestätigt, auch wenn die Fakten dagegen sprechen. Dinge, die unsere Vorannahmen dagegen widerlegen, werden kaum wahrgenommen.

Wir versuchen, die große Macht der Erwartungen auch in unserem Glauben einzusetzen. Glaube versetzt Berge. Der größte Gebetskiller ist die Erwartungslosigkeit. Und auch wenn andere um mich herum behaupten, ich würde im Glauben einem Placeboeffekt erliegen, auch egal, Hauptsache es hilft!

Wir können unsere Vorstellungskraft als Heilmittel nutzen. Glaube kann nicht nur Berge versetzen, Glaube kann auch heilen. Jesus wirkte Wunder. Wenn wir an Wunder glauben, kann uns das stark machen und heilen.

Innere Bilder haben eine große, heilsame Kraft!

© Liane Metzler

8 Vive la trance – Entspannung hilft heilen

Hypnose und Hypnotherapie sind langjährig erprobte, wissenschaftlich fundierte, hochwirksame therapeutische Verfahren und gehören als solche in die Hände von qualifiziert ausgebildeten Experten wie Psychologen, Psychotherapeuten, Kinder- und Jugendlichenpsychotherapeuten, Ärzten und Zahnärzten, die über ihr jeweiliges Studium hinaus über die entsprechende mehrjährige Zusatzausbildung verfügen.

Fachgesellschaften, bei denen man fundierte Informationen sowohl über seriöse Hypnose und Hypnotherapie als auch über Kontaktadressen von Ärzten und Psychotherapeuten, die über eine qualifizierte Ausbildung darin verfügen, bekommen kann, sind z. B. die Deutsche Gesellschaft für Hypnose und Hypnotherapie (DGH) sowie die Milton-Erickson-Gesellschaft (MEG).

Dass Hypnose bei fast allen Menschen, die über gewisse Voraussetzungen wie Vorstellungs- und Konzentrationsvermögen verfügen, wirkt und unmittelbar spürbare physische und mentale Veränderungen auslöst, ist eine beobachtbare Tatsache. Diese typischen sogenannten Trancephänomene werden von den meisten Menschen als ausgesprochen angenehm erlebt, weshalb es für viele auch grundsätzlich eine angenehme, oft unmittelbar erholsame Erfahrung darstellt, einen Trancezustand zu erleben. Trance ist dabei nichts anderes als ein Zustand fokussierter Aufmerksamkeit, in dem die Person ihre Aufmerksamkeit auf ganz bestimmte Aspekte der eigenen Wahrnehmung lenkt (in der Regel Körperwahrnehmungen, innere Bilder und Empfindungen) und dadurch unwillkürlich, quasi von allein, bestimmte Veränderungen in Körper und Psyche auslöst. Zu diesen Veränderungen gehören

- eine verlangsamte Atmung und Herzschlagfrequenz,
- ein geregelter Blutdruck,
- Muskelentspannung.

Außerdem beginnt man, eher in Bildern zu denken und kann durch wohltuende Vorstellungen den Zugang zu wichtigen persönlichen Ressourcen wie Fähigkeiten, positiven Erfahrungen und Körperwissen aktivieren. Andere Gedanken, Empfindungen oder auch Geräusche in der Umgebung, die in dem Moment gerade nicht so wichtig sind, treten von allein in den Hintergrund und werden weniger wahrgenommen. In diesem Trancezustand ist es nun möglich, gezielte medizinische und therapeutische Maßnahmen durchzuführen, je nachdem, mit welchem Anliegen und zu welchem Ziel sich jemand in die hypnotherapeutische Behandlung begibt.

Typische Anwendungsfelder von Hypnose und Hypnotherapie in Medizin, Psychotherapie und Zahnmedizin sind zum einen die Linderung und Bewältigung von chronischen und akuten Schmerzen, psychosomatischen Beschwerden, Ängsten und Symptomen infolge von traumatischen Lebensereignissen, zum anderen die Begleitung von onkologischen Erkrankungen und ihrer Behandlung, in der Geburtshilfe, bei der Vorbereitung von Operationen und in vielen anderen Bereichen.

 Trau lieber deiner Kraft als deinem Glück.

Publilius Syrus (1. Jhd. v. Chr.)

Dabei ist es unter anderem auch möglich, sich gezielt verschiedene vergangene Erfahrungen und Erlebnisse noch einmal vorzustellen und damit das Erlebte erneut zu aktivieren (in der Fachsprache ist das eine sogenannte Altersregression) oder auch zukünftige bevorstehende Situationen gedanklich vorwegzunehmen und schon einmal durchzuspielen (die sogenannte Zukunftsprogression). Beides kann aus therapeutischer Sicht eine sinnvolle Möglichkeit darstellen, Vergangenes neu und besser zu verarbeiten (z. B. einen erlittenen Unfall) oder sich auf Zukünftiges (z. B. eine Prüfungssituation) optimal vorzubereiten.

Genauso können auch vergangene positive Erlebnisse eines Menschen neu aktiviert und wieder der Erinnerung zugänglich gemacht werden, um daraus ein Erleben von Erfolg, Zufriedenheit, Stärke, Entspannung, Freude o. ä. auch für die Bewältigung gegenwärtiger und zukünftiger Situationen zu nutzen. Es geschieht nicht selten, dass bei solchen Erfahrungen vergessen geglaubte Erinnerungen, frühere Ideen oder Wünsche – wieder oder auch erstmals – ins Bewusstsein dringen und möglicherweise auch Erstaunen oder Überraschung bei der jeweiligen Person auslösen können. All dies geschieht im professionellen, ärztlichen und psychotherapeutischen Rahmen, jedoch immer eingebettet in einen Gesamtzusammenhang der Therapie, in der immer angemessen vorbereitet, begleitet und nachbereitet wird. Es geschieht niemals „nur so" oder um des eindrucksvollen Effektes willen.

Darüber hinaus werden in einem professionellen, therapeutischen oder ärztlichen Rahmen die Patienten oder Klienten über Ziel und Ablauf der durchgeführten Hypnose aufgeklärt und in Selbsthypnose angeleitet. Dadurch ist es möglich, die in der Sitzung erlebte Trance selbstständig zu Hause weitere Male aus der Erinnerung – oder mitunter auch mit Hilfe einer angefertigten Tonaufnahme der Sitzung – durchzuführen. So können begonnene positive Erfahrungen weiter geübt und stabilisiert und vor allem von der betroffenen Person eigenständig und aktiv angewandt werden. Die hypnotisierte Person behält, während ein Arzt oder Therapeut sie behandelt, jederzeit die Kontrolle und ermöglicht durch eigene Strategien der Aufmerksamkeitslenkung, körpereigene Prozesse zu aktivieren.

Oftmals erleben Menschen darauf Veränderungen als selbstverständlich und aus sich selbst herauskommend, sodass es u. U. leichter ist, einen Entschluss in konkretes Verhalten umzusetzen und sich in bestimmten, ehemals als schwierig erlebten Situationen nun selbstsicherer und souveräner zu fühlen. Schmerzen und Ängste können zudem als weniger beeinträchtigend empfunden werden, sodass eine medizinische Untersuchung oder Behandlung leichter zu bewältigen ist. Dies wird möglich, weil mit Hilfe der hochwirksamen Hypnose neuronale Bahnungen im Gehirn und ganzheitliche Veränderungen auf mehreren Ebenen von Hirnstrukturen stattgefunden haben, die im normalen Alltagsbewusstsein nicht so leicht zugänglich sind. Auch wenn vieles bereits durch zahlreiche wissenschaftliche Untersuchungen erforscht und belegt worden ist, darf man weiterhin auf neue bahnbrechende Forschungsergebnisse im Bereich der Hypnose und Hypnotherapie gespannt sein.

MERKE

Jede Hypnose ist auch Selbsthypnose. Selbsthypnose macht das Leben leichter.

Hypnose ist wie U-Bahn fahren: Wenn sich an der Oberfläche der gesamte Verkehr staut, bewegt man sich unten ohne unnötige Aufenthalte zügig vorwärts und kommt schnell und entspannt ans Ziel. Selbsthypnose ist eine wirksame Möglichkeit, eigene innere Kräfte zu nutzen, um gesund zu werden und das (seelische) Immunsystem zu stärken.

Mit der folgenden Anleitung können Sie Ihre Selbstheilungskräfte bei Psycho-Stress im Job und bei körperlichen Krankheiten aktivieren (Quelle: Deutsche Gesellschaft für Hypnose und Hypnotherapie e. V., www.hypnose-dgh.de/Eberwein 2009, www.werner-eberwein.de). Lesen Sie die Geschichte so oft durch, wie Sie mögen, um immer mehr Übung in der Selbsthypnose zu erlangen. Sie können sich die Geschichte auch ruhig vorlesen lassen, am besten vor dem Schlafengehen oder vor einer Pause. Die Geschichte führt Sie in einen vertieften Entspannungszustand und kann sich anfühlen wie entspanntes Träumen oder Dösen. Eigene innere Bilder können dabei als Heilungsritual erlebt und in Ihr Alltagsbewusstsein übernommen werden.

Durch den Garten der Gesundheit zum See der Heilung

Am Anfang dieser Geschichte darfst du es dir richtig bequem machen, um gleich oder später immer mehr Kontakt aufzunehmen mit deinem Inneren. Spüre deinen Atem, während du ganz bewusst mehr und mehr Muskeln deines Körpers freigibst und ihnen erlaubst, sich zu entspannen. Erlaube den ganz feinen Muskeln rund um deine Augen sich jetzt zu entspannen und gebe sie ganz bewusst frei, dann gebe die Muskeln in deinem Nacken frei und in deinen Schultern, danach die Muskeln in deinem linken Arm, dann in deinem rechten Arm, danach die Muskeln in deinem linken Bein, dann in deinem rechten Bein. Je mehr Muskeln du freigibst, desto mehr erlaubst du dir, dich immer tiefer in diese Entspannung hineinsinken zu lassen und mehr und mehr Kontakt aufzunehmen mit deinen innersten Heilkräften, damit dein Unterbewusstsein alles dafür tun kann, um deinen Körper und deine Seele zu heilen, damit du mehr und mehr zu dir kommen kannst. Du darfst dir immer mehr erlauben loszulassen und die Dinge einfach geschehen zu lassen. Dein Körper und deine Seele dürfen immer mehr loslassen.

Spüre dabei einmal ganz bewusst den Untergrund unter dir, der dich trägt und dass es ein wunderschönes Gefühl ist, getragen zu werden und nichts dafür tun zu müssen, im Gegenteil; du darfst dein ganzes Körpergewicht immer mehr nach unten abgeben und je mehr du dir das erlaubst, desto mehr sinkst du tiefer und tiefer in die Entspannung hinein und erlaubst dir, die Dinge geschehen zu lassen und mehr und mehr Kontakt aufzunehmen mit deinem Innersten.

Wenn Menschen beginnen, sich zu entspannen, kann es sein, dass dabei am Anfang noch der eine oder andere Gedanke durch den Kopf geht; es kann sein, dass da noch Gedanken sind von heute, oder Gedanken von gestern, vielleicht auch schon Gedanken von morgen. Wenn irgendwelche Gedanken in deinem Kopf sind, dann begrüße die Gedanken, sage: „Hallo! Jetzt nicht." und dann lass die Gedanken weiterziehen, so wie die Wolken am Himmel vom Wind immer weiter getrieben werden. Gedanken kommen und Gedanken gehen und jetzt ist der Zeitpunkt gekommen, wo du dir erlauben darfst, dir etwas Zeit für dich zu nehmen und zu entspannen.

Entspannung geschieht nicht schnell, Entspannung geschieht nicht langsam; Entspannung fällt nicht leicht und Entspannung fällt nicht schwer. Und am Anfang, jetzt wo deine Augen geschlossen sind, kann es sein, dass du Geräusche in der äußeren Welt am Anfang deutlicher und intensiver hörst, aber vielleicht stellst du dir diese Geräusche einfach vor wie ein Radio, das in irgendeiner Ecke dieses Raumes steht und auf das du dich gar nicht zu konzentrieren brauchst. Alle Geräusche in der äußeren Welt werden dadurch mit der Zeit immer uninteressanter und immer gleichgültiger und die Geräusche treten mehr und mehr in den Hintergrund; alle Geräusche in der äußeren Welt werden dir behilflich sein, dich noch mehr zu entspannen und mehr und mehr Kontakt aufzunehmen mit deinen innersten Heilkräften; alle Geräusche in der äußeren Welt werden dir dabei helfen, alte Gewohnheiten dauerhaft zu verändern und die Veränderung von Gewohnheit im Alltag zur Selbstverständlichkeit werden zu lassen.

Dabei kann es sein, dass doch noch der eine oder andere Gedanke in deinem Kopf auftaucht und wenn da noch Gedanken in deinem Kopf sein sollten, dann stelle dir bitte in deiner Fantasie einmal vor, dass direkt auf deinem Kopf oben ein wunderschöner uralter japanischer Vogelkäfig steht, mit vielen kleinen lebendigen Vögeln darin, die nur darauf warten, endlich in die Freiheit zu gelangen. Stelle dir vor, dass du die Tür von dem Vogelkäfig öffnest. Beobachte danach, wie ein Vogel nach dem anderen ganz aufgeregt den Käfig verlässt und in die Freiheit fliegt; und höre auch einmal auf die Geräusche, die diese kleinen Vögel von sich geben, wenn sie in Freiheit fliegen. Ist es nicht gut zu wissen, dass die Natur keine traurigen Töne kennt? Die Natur kennt keine Moll-Töne!

Und vielleicht erlaubst du dir jetzt in deiner Fantasie, dass auch deine Gedanken deinen Kopf verlassen dürfen; so wie die Vögel den Käfig verlassen, darf jetzt ein Gedanke nach dem anderen deinen Kopf verlassen; und dadurch, dass immer mehr Gedanken deinen Kopf verlassen, wird der Raum in dir immer größer und immer weiter und es entsteht dadurch immer mehr Platz für Gesundheit und Entspannung; deine Gedanken verlassen nach und nach deinen Kopf in dem Willen, alles geschehen zu lassen und Geschehenlassen wird zu deinem Willen; und dann kann es sein, dass sich dieses Bild etwas ändert, in eine andere Richtung.

Erinnere dich in deiner Fantasie einmal an einen Weg, den du in der Vergangenheit gerne gegangen bist; erinnere dich an einen Weg in einer schönen Landschaft und dann lass den Weg immer mehr und immer deutlicher vor deinem inneren Auge entstehen. Sieh einmal auf die Farben, die du dort wahrnehmen kannst, höre auf die Geräusche, die du in dieser Landschaft hören kannst, auch auf die ganz leisen und feinen Töne; spüre den Boden unter dir, der dich trägt und dass es ein schönes Gefühl ist, getragen zu werden und nichts dafür tun zu müssen. Nimm einmal die Gerüche wahr in der Landschaft und spüre die Eindrücke und gehe deinen Weg immer weiter durch diese wunderschöne Landschaft. Spüre die Weite deiner inneren Landschaften, die der träumende Geist durchstreifen und erforschen darf. Gehe deinen Weg weiter, der dich zur Quelle der Gesundheit führen wird, um das reinste Wasser zu trinken, das sich im Innersten der guten Erde angereichert hat, mit zauberhaften, glitzernden, vibrierenden, duftenden, erfrischenden, belebenden Heilungsstoffen.

Schaue bitte einmal auf die rechte Seite dieses Weges; auf der rechten Seite des Weges kannst du einige Bäume sehen und jeder Baum steht für sich alleine, ganz stark und fest in der guten Erde verankert mit ihren grünen Blättern unter dem blauen Himmel; und vielleicht bist du genauso stark und fest im Boden des Lebens verankert wie die Bäume, die dort einzeln und frei nebeneinander stehen. Und wenn du deine Aufmerksamkeit noch einen Augenblick auf die Bäume konzentrierst, dann siehst du die starken kräftigen Baumstämme, die den Bäumen so viel sicheren Halt geben und du siehst, wie sich ihre kräftigen Wurzeln ganz tief und fest in der guten Erde verankert haben; und wenn du weiter auf die Bäume blickst, dann kannst du auch sehen, dass die Bäume schon so manchen Sturm und so manches Unwetter überstanden haben.

Alle Stürme und Unwetter, die über die Bäume hinweggezogen sind, konnten den Bäumen am Ende jedoch nichts anhaben; die Stürme und Unwetter haben die Bäume zwar hin- und hergebogen, aber am Ende konnten sie ihnen nichts anhaben, im Gegenteil, alle Stürme und Unwetter, die über die Bäume hinweggezogen sind, haben am Ende nur dazu geführt, dass sich die Wurzeln noch fester und tiefer in der guten Erde verankert haben und den Bäumen so noch mehr Halt gegeben haben; und vielleicht ist das in deinem Leben ganz ähnlich, dass auch schwierige Zeiten in deinem Leben, Stress, Angst, Schmerzen, unangenehme Erinnerungen an Menschen oder Situationen am Ende nur dazu geführt haben, dass du noch stärker und fester im Boden des Lebens verankert wurdest. Und wenn du noch einen Augenblick deine Aufmerksamkeit auf die Bäume konzentrierst, kannst du sehen, dass sich einige Äste oder Blätter der Bäume, die dort nebeneinander stehen, berühren. Diese Berührungen der Blätter und Äste können eine ganz wundervolle Bereicherung sein für den Baum, sie sind aber keine Bedingung dafür, ein großer, starker, freier Baum zu sein; und vielleicht ist das in deinem Leben ganz ähnlich, dass die Menschen in deinem Leben – Menschen, denen du begegnet bist, Menschen, denen du begegnest, Menschen, die dich berühren – eine ganz wundervolle Bereicherung sein können, für dich und dein Leben. Sie sind aber keine Bedingung dafür, ein ganz starker, selbstbewusster, freier und gesunder Mensch zu sein.

Schaue nun einmal auf die linke Seite des Weges, dort kannst du eine richtig schöne grüne Wiese sehen und auf dieser Wiese, da stehen ein paar Blumen. Richte deine Aufmerksamkeit einmal auf diese Blumen und sieh dir die Blumen genau an, denn einige dieser Blumen haben Farben, die man überhaupt nicht bei einer Blume erwarten würde. Und wenn du genau hinhörst, dann kannst du hören, wie sich die Blumen unterhalten, du kannst hören, wie sie kichern und kosen und sich über das Leben unterhalten, die Arbeit und die Gesundheit. Nun gehe deinen Weg weiter, durch diese wunderschöne Landschaft und ich möchte dich bitten, dass du jetzt einmal auf das Ende dieses Weges schaust; am Ende dieses Weges kannst du eine Treppe sehen mit zehn breiten und ganz sicheren Stufen. Diese Stufen sind nummeriert, auf der obersten Stufe steht die Zahl 10, in der Mitte steht die Zahl 5 und auf der untersten Stufe steht die Zahl 1; und diese Treppe mit den zehn ganz breiten und ganz sicheren Stufen führt hinunter in den Garten der Heilung, den Garten der Gesundheit. In ganz alten Schriften wird immer wieder überliefert, dass jeder, der den Garten der Heilung betritt, vollkommen gesund wird, dass dort alles beginnt zu heilen und gesund zu werden. Gehe in deiner Fantasie diese zehn breiten sicheren Stufen hinunter, um in den Garten der Heilung zu gelangen. Ich möchte dich bitten, dass du mit der obersten Stufe beginnst, auf der die Zahl 10 steht, und mit jeder Zahl, die ich dann rückwärts zähle, gehst du diese Treppe immer eine Stufe weiter nach unten, um in den Garten der Gesundheit zu gelangen: 10-9-8-7-6-5-4-3-2-1.

Jetzt bist du im Garten der Heilung angekommen. Dort angekommen, atme gleichmäßig ganz tief ein- und wieder aus und spüre dabei die wundervolle Atmosphäre im Garten der Heilung, alles heilt, alles ist gesund, dein Kopf, dein Herz, deine Seele. Alle Organe funktionieren genau so, wie es sein soll, jede einzelne Zelle deines Körpers beginnt zu heilen und kräftiger zu werden, dein Immunsystem entwickelt unglaublich starke Abwehrkräfte. Dadurch, dass du gleichmäßig ein- und ausatmest, überträgt sich die Gesundheit im Garten der Heilung immer mehr auf dich und deinen Körper. Gehe in deiner Fantasie immer weiter durch den Garten der Heilung und mit jedem Schritt, den du weiter gehst, erlaubst du dir, dich immer tiefer in diese Entspannung hineinsinken zu lassen und mehr und mehr mit deinen innersten Heilkräften Kontakt aufzunehmen.

Alles das, was du in der äußeren Welt hörst, darf gleich oder später auch dein Innerstes berühren, so wie das, was du innerlich siehst und erlebst, bald schon in der äußeren Welt Wirklichkeit werden darf. Gehe immer weiter durch den Garten der Heilung und spüre diese macht-vollen Heilkräfte, die Farben der Heilung, das Vibrieren von Gesund-heit; und wenn du deine Aufmerksamkeit noch weiter und noch tiefer in deinen Körper hineinlenkst, dann kannst du vielleicht schon spüren, wie sich das Gefühl von Gesundheit immer weiter in deinem Körper auszubreiten beginnt. Vielleicht geschieht das ganz gleichmäßig, vielleicht geschieht es aber auch in Wellenbewegungen, wenn immer mehr Bereiche deines Körpers zu heilen beginnen. Gehe immer weiter durch den Garten der Gesundheit, den Garten der inneren Ruhe und Kraft; und Minuten in der äußeren Welt können sich dabei anfühlen wie Monate oder Jahre. Dann gehe ganz langsam in den Wald der Träume hinein, im Garten der Heilung. Der Wald der Träume befindet sich ganz tief in deinem Innersten. Betrete jetzt in deiner Fantasie den Wald der Träume, gehe jetzt in diesen raumlosen Raum und betrete diese zeitlose Zeit. Im Wald der Träume hört die Zeit niemals auf, die Zeit ist ewig; und auch du hörst niemals auf, auch du bist ewig. Gehe immer weiter durch den Wald der Träume und nimm die Eindrücke und die Ruhe wahr und erlaube dir, dich immer tiefer hineinsinken zu lassen in diese Entspannung und mehr und mehr Kontakt aufzunehmen mit deinem Innersten.

In dem Wald der Träume kannst du einen Bären sehen und ich möchte dich bitten, dir diesen Bären jetzt einmal genau anzusehen; sieh dir bitte einmal seine Größe an, seine Farbe und achte auch auf die Geräusche, die dieser Bär jetzt von sich gibt; und dann spüre einmal in deinen Körper hinein und nimm wahr, dass du überhaupt keine Angst hast, obwohl es ein sehr wilder und ursprünglicher Bär ist. Im Gegenteil: je näher du dem Bären kommst, desto stärker fühlst du dich, je näher du dem Bären kommst, desto ruhiger wirst du, je näher du dem Bären kommst, desto gesünder und freier fühlst du dich. Gehe so nahe an den Bären heran, wie du magst. Beobachte den Bären jetzt einmal genau und nimm einmal wahr, was du jetzt in diesem Augenblick von dem Bären lernen kannst. Und wenn du magst, dann darfst du dem Bären jetzt auch erlauben, alles von dir zu nehmen, was dich in deinem Leben belastet; erlaube dem Bären, all das von dir zu nehmen, was du schon immer loswerden wolltest, egal, ob es Ängste oder Schmerzen sind, unangenehme Erinnerungen an Menschen oder Situationen, egal ob es unangenehme Verhaltensweisen oder Süchte sind. Egal, was es ist, erlaube dem Bären jetzt, all diesen Ballast aus deinem Leben von dir zu nehmen, für immer. Beobachte den Bären, dass er immer stärker und kräftiger wird, dadurch, dass er all diese belastenden Dinge von dir nimmt; und dann beobachte, wie sich der Bär allmählich von dir zu entfernen beginnt, wie er immer weiter und weiter in den Wald der Träume hineinzieht.

Auch du gehst dann weiter durch den Wald der Träume und vielleicht kannst du schon spüren, dass du dich leichter fühlst, dadurch, dass all diese belastenden Dinge von dir genommen sind; und je deutlicher du das spüren kannst, desto mehr erlaubst du dir, dich immer tiefer und weiter in diese Entspannung hineinsinken zu lassen und mehr und mehr Kontakt aufzunehmen mit deinen innersten Heilkräften. Und fast ohne es zu merken, bist du mittlerweile am See der Heilung angelangt. Dort angekommen, blicke nun auf den See der Heilung, so rein und so klar; der See der Heilung, kristallklar, Jahrmillionen alt, Ursprung allen Lebens; der See der Heilung, in einem glitzernden, faszinierenden Farbenspiel; der See der Heilung, gespeist aus der Quelle des Lebens, die tief im Wesen der Welt ihren Ursprung hat; machtvolle Heilkräfte, unsichtbar und doch unwiderstehlich, wie ein Juwel, unsichtbar verborgen in uns, weil wir trotz allem immer ganz geblieben sind.

Und am Strand des Sees der Heilung befindet sich ein wunderschönes, uraltes und wundersames Holzhaus, in dem eine liebevolle alte Heilerin lebt, verbunden mit machtvollen Heilkräften. Gehe nun zu dem Haus der liebevollen alten Heilerin; und du siehst, wie die liebe alte Heilerin an der Tür steht und dich begrüßt. Sie findet genau die richtigen Worte, um dich zu begrüßen und dich in ihr Haus zu bitten. Du betrittst ihr Haus und spürst diese wundervolle Atmosphäre, gastlich, anheimelnd, wohnlich, die machtvollen Heilkräfte, da und dort die vielen heilkräftigen Gegenstände und Substanzen und jeder einzelne Gegenstand ist verbunden mit machtvoller Heilkraft.

Und in einem Raum befindet sich ein wunderschöner, sehr alter zauberhafter Holzschrank, sehr schön verziert, teilweise handgeschnitzt; und in diesem wundervollen alten, zauberhaften Holzschrank befinden sich ein paar verschiedenfarbige Gläser; und in diesen verschiedenfarbigen Gläsern befindet sich ein wohlig duftendes Elixier, ein Heilöl, das gewonnen wurde aus den Früchten der uralten Bäume im Garten der Heilung, am Ufer des Sees der Heilung. Und dann nimmt die liebevolle alte Heilerin ganz behutsam eines dieser farbigen wundervollen Gläschen aus dem Schrank, sie nimmt etwas von dem Heilöl und träufelt es ganz sanft auf eine Stelle deines Körpers, wo sich das angenehm und wohltuend und heilsam anfühlt und wundervoll duftet; die liebevolle alte Heilerin findet dabei wohlige Worte, die sich sanft in das Leben mischen.

Und du spürst, wie dein Körper das wohl duftende Heilöl aufnimmt, spürst das heilsame Leuchten und Vibrieren und wie sich das Heilöl weiter und weiter in deinem Körper auszubreiten beginnt und spürst, wie die Wirkstoffe der Heilung überall dorthin in deinen Körper und deine Seele strömen, wo Heilung gebraucht wird und wo dein Körper und deine Seele Heilung erhalten, bis dein ganzer Körper und deine ganze Seele angefüllt ist von dem wundervollen Öl aus der Hand der liebevollen alten Heilerin; in einem Augenblick ist alles gesund: dein Kopf, deine Gedanken, deine Gefühle, dein Herz, deine Seele, alle deine Organe funktionieren absolut einwandfrei, jede einzelne Zelle deines Körpers heilt in einem Augenblick; und du musst nicht wissen, warum die liebevolle alte Heilerin das Heilöl genau auf diese Stelle deines Körpers geträufelt hat, und die liebe alte Heilerin nimmt weiteres Heilöl und träufelt es auf andere Stellen deines Körpers; und du spürst ganz deutlich, wie die heilwirksamen Wirkstoffe beginnen, sich unaufhaltsam immer weiter in deinem Körper auszubreiten und in die tiefsten Gewebe deines Körpers zu strömen, wo Heilung erfolgen will und wo Heilung erfolgt. In einem Augenblick ist alles gesund. Und während die machtvollen Heilstoffe sich weiter in deinen tiefsten Geweben ausbreiten, strömt dein Atem dorthin und bringt dadurch alles zum Leuchten, in deinem ganzen Körper und um deinen Körper herum, bis die ganze äußere Welt erfüllt ist von Heilung.

Dann nimmt dich die liebevolle alte Heilerin ganz behutsam an die Hand und führt dich sanft nach draußen zum Strand, dem Ufer des Sees der Heilung; und sie lädt dich ein, auf den See der Heilung zu blicken, und du siehst dieses kristallklare Wasser, Jahrmillionen alt, Ursprung allen Lebens; der See der Heilung, über den man sich erzählt, dass alle, die dort hineingehen, vollkommen gesund werden, dass dort alles beginnt zu heilen, dass alle Schmerzen und Ängste abgewaschen werden für immer; und dann gehst du in einem Tempo, wie es für dich angenehm ist, auf den See der Heilung zu; du berührst das Wasser behutsam mit dem großen Zeh, vielleicht mit dem Fuß und du spürst, dass der See der Heilung genau die richtige Temperatur hat, genau so, wie es für dich angenehm ist; und dann gehst du immer weiter, Schritt für Schritt, in Ruhe hinein in den See der Heilung und spürst sehr achtsam wie es ist, wenn dich dieses Jahrmillionen alte, kristallklare Heilwasser immer weiter umspült; du spürst deutlich, wie dich der See der Heilung auf wundersame Weise vitalisiert, belebt, verjüngt; und wenn du magst, darfst du jetzt auch in dem See der Heilung geruhsam baden, darfst in dem Jahrmillionen alten kristallklaren Heilwasser ruhig schwimmen.

Du spürst, wie sich die Wirkstoffe des Heilwassers immer mehr auf deinen Körper übertragen und überall dorthin in deinem Körper strömen, wo Heilung benötigt wird und Heilung erfolgt, in einem Augenblick; und wenn du magst, darfst du im See der Heilung auch tauchen, in diesem kristallklaren Wasser, Ursprung allen Lebens, immer tiefer tauchen, in die zauberhafte Tiefe, in der sich Minuten wie Jahre anfühlen können; und je tiefer du tauchst, desto mehr erlaubst du dir auch, dich immer tiefer hineinsinken zu lassen in diese Entspannung und mehr und mehr Kontakt aufzunehmen mit deinen innersten Heilkräften; und wenn du magst, darfst du auch bis zum Grund tauchen, wo sich diese wunderschöne Muschel befindet mit dieser sehr wertvollen Perle darin.

Und wenn du wieder auftauchst aus dem See der Heilung, dann siehst du, wie die liebevolle alte Heilerin am Strand ganz geduldig auf dich wartet und du siehst, wie sie dir den Arm entgegenstreckt und in ihrer Hand einen sehr alten, handgeschnitzten Holzbecher hält, mit Heilwasser darin. Du bewegst dich auf die liebevolle alte Heilerin zu und nimmst den uralten Holzbecher mit dem Heilwasser entgegen. Dann führst du den Holzbecher zu deinem Mund, riechst den wundervollen Duft des kristallklaren Heilwassers aus den Tiefen der guten Erde, nimmst einen Schluck, nimmst noch einen Schluck und schmeckst die machtvollen Heilkräfte, erfrischend, kühlend, Kraft spendend, heilend. Du spürst, wie das Heilwasser immer weiter deinen ganzen Körper durchflutet, spürst, wie die Wirkstoffe der Heilung überall dorthin in deinem Körper strömen, wo Heilung geschehen will und wo Heilung geschieht, weil machtvolle Heilkräfte aus den Tiefen der guten Erde den Körper sanft durchströmen und das glitzernde Heil-wasser genau dorthin findet, wo es im Körper aufgenommen wird und es seine Heilkraft entfaltet – jetzt! Während dein Atem diese Gegend des Körpers sanft durchströmt, erfüllen uralte Heilkräfte deinen Kör-per und deine Seele, glitzernd, schimmernd, leuchtend und duftend. In einem Augenblick ist alles gesund: dein Kopf, deine Gedanken, deine Gefühle, dein Herz, deine Seele. Alle deine Organe funktionie-ren genau so, wie es sein soll und du spürst, wie alles in dir beginnt zu leuchten. Und ist es nicht gut zu wissen, dass jeder Mensch einen Stern in sich trägt, an dem er sich orientieren kann? Ein Stern, der uns hilft, immer eins zu bleiben und ganz zu bleiben, egal, was in unserem Leben geschieht? Und die Antwort auf alle Fragen des Lebens ist so klar wie das Licht eines neuen Tages; die Antwort auf die Frage nach dem Sinn finden wir in anderen, denn worauf es letzten Endes ankommt, ist die Liebe.

Und dann verabschiedest du dich respektvoll und dankbar von der liebevollen alten Heilerin, zu der du jederzeit zurückkehren kannst, wann immer du Heilung benötigst und Heilung erhältst. Und die liebvolle alte Heilerin verabschiedet sich von dir mit einem zauber-haften Lächeln, verbunden mit magischen Heilkräften. Du spürst das wundervolle Lächeln der alten Heilerin ganz deutlich in deinem Körper; und das, was gerade noch unsichtbar war, beginnt zu lächeln: dein Magen beginnt zu lächeln, so dass die anhaltende Wärme in deinem Bauch spürbar bleibt und dein Herz erfüllt, alle Organe beginnen zu lächeln. Dieses unsichtbare innere Lächeln breitet sich unaufhaltsam immer weiter in deinem Körper aus, auch über deine Körpergrenzen hinaus. Das Lächeln, das dazu führt, dass deine Mundwinkel wie von selbst, ganz langsam nach oben schweben. Deine Augen beginnen zu strahlen und zu lächeln. Das Lächeln in dir führt auf zauberhafte Weise dazu, dass sich dein Blick auf die Welt und auf dich selbst grundlegend verändert; und auch Menschen in der äußeren Welt sehen und spüren immer deutlicher das wundervolle Lächeln, das von dir ausstrahlt, und die Menschen reflektieren dieses zauberhafte Lächeln zurück zu dir, so wie ein Sonnenstrahl, der auf einen Spiegel trifft, während du schon bald mit deinem inneren Ohr die liebevollen Worte hören kannst, die du dir selbst mit sanfter Stimme zusprichst, erfüllt von Liebe, auf dem Weg zurück in die äußere Welt, verbunden mit fortgesetzten Heilungsprozessen, die sich in der äußeren Welt vollenden werden, auch jenseits deines Bewusstseins, in täglichen Augenblicken der Ruhe und Entspannung, so dass du das wohlige Gefühl von kraftvollem Gesundwerden in den nächsten Schritten geschehen lassen kannst.

Du gehst ganz langsam wieder zurück in den Wald der Träume, der sich ganz tief in deinem Innersten befindet. Du gehst wieder hinein in diesen raumlosen Raum und betrittst jetzt wieder die zeitlose Zeit; im Wald der Träume hört die Zeit niemals auf, die Zeit ist ewig; und auch du hörst niemals auf, auch du bist ewig. Du gehst weiter und weiter durch den Wald der Träume und lässt dich immer weiter in diese Entspannung hineinsinken und nimmst mehr und mehr Kontakt auf mit deinen innersten Kräften. Auf einem Blatt im Wald der Träume kannst du eine Raupe sehen; und ich möchte dich bitten, dir diese Raupe einmal genau anzusehen; sieh dir mal genau die Form der Raupe an; sieh dir ihre Farbe und Größe an und beobachte die Raupe. Die Raupe, die sich schicksalsgemäß verändern wird und die sich schicksalsgemäß verändern muss. Vielleicht sagst du dir jetzt: Ich möchte auch so eine positive Veränderung in meinem Leben erfahren, deshalb bin ich in dieser Hypnose. Beobachte die Raupe, die sich darauf vorbereitet, bald einen Kokon zu bilden, indem sie eine ganz tiefe Ruhe und eine ganz tiefe Sicherheit erlebt, dass sich alles so weiterentwickeln wird wie vorgesehen; und dann beobachte, wie in dem Kokon alle Programme von „Raupe" gelöscht werden, für immer!

Und beobachte, wie jetzt alle Programme von „Schmetterling" gestartet werden. Vielleicht erlaubst du jetzt deinem Unterbewusstsein auch, alle Programme von Stress und Krankheit zu löschen, egal, wie sie entstanden sind, für immer! Und jetzt erlaube deinem Unterbewusstsein, alle Programme von einer völlig neuen Gesundheit, einer völlig neuen Ruhe und Entspannung zu starten. Und dann beobachte, wie aus dem Kokon ein wunderschöner Schmetterling herauskommt, der ganz frei und unbeschwert durch den Wald der Träume fliegt; der Schmetterling, der keinerlei Erinnerungen mehr an die Zeit hat, als er noch eine Raupe war. Und vielleicht erlaubst du dir, jetzt auch so frei und unbeschwert durch dein Leben zu gehen und keinerlei Erinnerungen mehr zu haben an die Zeit, als es noch Stress und Krankheit gab. Erlaube dir, ganz frei und entspannt durch dein Leben zu gehen, egal, was geschieht, und beobachte dabei den Schmetterling, wie er mit anderen Schmetterlingen von einer Blume zur nächsten fliegt, beobachte, wie die Blumen kichern und wie sie kosen und sich unterhalten, über das Leben, die Liebe und die Gesundheit. Und dann gehst du ganz langsam wieder in den Garten der Gesundheit. Vielleicht kannst du jetzt noch deutlicher spüren, dass alles gesund ist.

Du gehst weiter durch den Garten der Gesundheit und kehrst gleich oder später wieder zurück zu der Treppe mit den zehn breiten und sicheren Stufen. Die Stufen sind nummeriert: auf der untersten Stufe steht die Zahl 1, auf der mittleren Stufe die Zahl 5 und auf der obersten Stufe steht die Zahl 10. Und du gehst gleich oder später in einem Tempo, wie es für dich angenehm ist, diese Treppe mit den zehn breiten und sicheren Stufen wieder hinauf, um auf deinen Weg in dieser wunderschönen Landschaft zurückzukehren. Und wenn du nachher die Treppe wieder hinaufgehen wirst, dann werden alle gehörten Worte hinter dir versinken wie Wasser in einer guten fruchtbaren Erde, weil sie so dort umso wirkungsvoller ihre heilsame Wirkung entfalten können. Wenn du die Treppe hinaufgehst und in die äußere Welt zurückkehren wirst, wirkt die Heilung weiter fort, in dem Willen, mit jedem Schritt die Heilung weiter geschehen zu lassen. Dann beobachte und nimm deutlich wahr, dass du mit jeder Stufe, die du nach oben gehst, dich in jeder Hinsicht immer frischer und wacher fühlst, dich deutlich freier und stärker fühlst. Beobachte, dass du mit jeder Stufe, die du nach oben gehst, dich immer mehr entspannst und dich nur noch um die Dinge kümmern willst, die für dich und deine Gesundheit wirklich wichtig sind; und dann gehe jetzt diese Treppe mit den zehn breiten und sicheren Stufen hinauf, geh Stufe um Stufe, Schritt für Schritt, nach und nach, immer weiter nach oben, bis du gleich oder später wieder auf deinem Weg angekommen bist.

Dann gehe deinen Weg weiter, durch diese wunderschöne Landschaft, gehe deinen Weg weiter, der dich gleich oder später auch wieder hierher zurück in diesen Raum führen wird; und ich werde nachher von drei auf eins rückwärts zählen; bei 3 werde ich dich bitten, deine Hände zu Fäusten zu ballen; bei 2 werde ich dich bitten, einen tiefen Atemzug zu holen und bei 1 werde ich dich bitten, die Augen zu öffnen; und wenn du nachher deine Augen öffnen wirst, dann wirst du dich ganz wohlig und aktiv fühlen, so wie nach einem kurzen heilsamen Schlaf. Du wirst, wenn du nachher deine Augen öffnest, dich von Tag zu Tag, von Monat zu Monat immer entspannter fühlen und den Dingen des Lebens immer gelassener und ruhiger begegnen. Und wenn du nachher deine Augen öffnen wirst, wirst du auch das Gefühl einer ganz tiefen Dankbarkeit wahrnehmen; eine ganz tiefe Dankbarkeit dem Leben gegenüber und dem gegenüber, was du aus deinem Leben machen kannst, was du aus deinem Leben machen willst und was du aus deinem Leben machen wirst! Und du wirst dich, wenn du deine Augen öffnest, von diesem Augenblick an, von Tag zu Tag von Monat zu Monat, noch freier, noch entspannter und noch gesünder fühlen, als du es heute schon bist.

- Balle die Fäuste;
- nimm einen tiefen Atemzug;
- öffne die Augen, in einem Tempo, das für dich angenehm ist.

© Liane Metzler

9   Erste Hilfe bei akuten Krisenphänomenen

In unserem Leben – und auch im Leben der Personen, die uns sehr wichtig sind – treten immer wieder mal erschütternde Krisen auf, die sehr schwer alleine zu bewältigen sind. Wie sieht nun aber eine konkrete Unterstützung bei der Verarbeitung emotional belastender Erlebnisse aus? Welche Hilfe sollte man bei emotionalem Stress anbieten? Es gibt eine Reihe von Handlungsempfehlungen und grundsätzliche Handlungsstrategien sowie Interventionsleitlinien, die bei einer akuten Krise berücksichtigt werden können.

Folgende Vorgehensweise ist nicht nur wissenschaftlich vielfach untersucht und nachgewiesen worden, sondern bewährt sich seit vielen Jahren auch in der Praxis:

- Stabilisierung, Ruhe und Abstand,
- Aufklärung und Informationen,
- an die Hand nehmen und trösten,
- langsames Umlenken der Aufmerksamkeit und Abbau von Hemmungen,
- Wiederherstellung von Sicherheit,
- Wiedergewinnung von Selbstkontrolle.

Nicht nur die Schnelligkeit ist entscheidend, sondern auch das richtige Timing. Unfälle, Gewalttaten, Trennungen, Verlusterlebnisse, lebensbedrohliche Erkrankungen, Katastrophen etc. können, neben körperlichen Verletzungen auch einen erheblichen emotionalen Stress bei den Betroffenen auslösen und dadurch zu seelischen Verletzungen führen. Die Folge kann manchmal ein Psychotrauma sein, also eine seelische Wunde. Nicht das traumatische Ereignis allein bewirkt die Verletzung, sondern auch der Prozess, der dadurch im Inneren des Menschen sowie in seinem sozialen Umfeld ausgelöst wird. Hier geht es in erster Linie auch um die unmittelbaren Reaktionen von Familienangehörigen, Freunden, Arbeitskollegen oder Vorgesetzten. Ein psychisches Trauma ist somit nicht etwas, das mit der traumatischen Ereignisansicht beendet ist, sondern ein prozesshafter Vorgang, der sich über das traumatische Ereignis hinaus erstreckt.

> „Verlassen sind wir doch wie verirrte Kinder im Walde. Wenn Du vor mir stehst und mich ansiehst, was weißt Du von den Schmerzen, die in mir sind und was weiß ich von den Deinen. Und wenn ich mich vor Dir niederwerfen würde und weinen und erzählen, was wüßtest Du von mir mehr als von der Hölle, wenn Dir jemand erzählt, sie ist heiß und fürchterlich. Schon darum sollten wir Menschen vor einander so ehrfürchtig, so nachdenklich, so liebend stehn wie vor dem Eingang zur Hölle ...“
>
> *Franz Kafka aus einem Brief an seinen Freund Oskar Pollak, 8.11.1903*

Einschneidende Erlebnisse, die zu einem extrem hohen emotionalen Stress führen, verlaufen oft in drei Phasen:

1. *Schockphase:* „Ich dachte, ich wäre im falschen Film!“, „Mir passiert das schon nicht.“ So denken viele Menschen. Nach einer ersten Schrecksekunde stehen die meisten Menschen bei einschneidenden Lebensereignissen zunächst unter Schock. Dieser Schock kann manchmal nur wenige Minuten dauern, aber in einigen Fällen auch Tage anhalten. Dabei können ganz unterschiedliche Reaktionen erlebt werden. Manche Menschen brechen zusammen, während andere sprachlos sind und erstarren, wiederum andere scheinen auf Autopilot zu schalten. Wie ein Mensch unter Schock reagiert, kann man nur sehr begrenzt voraussagen. Viele Betroffene erschrecken sich oft selbst über ihre eigenen Reaktionen, weil sie plötzlich die Dinge nicht mehr kontrollieren können.

2. *Einwirkungsphase:* Nach dem Abklingen des Schocks versuchen die Betroffenen, sich der emotional belastenden Situation zu stellen und beginnen, sie zu verarbeiten. Dabei erleben sie sehr oft, dass es ihnen sehr schwerfällt, sich an die veränderte Situation anzupassen. In dieser Phase, die bis zu drei Monaten andauern kann, können die bereits beschriebenen Kernsymptome auf-

treten wie sehr belastende Erinnerungsbilder, Vermeidungsverhalten, emotionale Taubheit sowie Schlafstörungen und Schmerzen. Gelingt die Verarbeitung, erholen sich die Betroffenen. Schaffen sie es aber nicht, aus eigener Kraft, das Erlebte zu verarbeiten,
erhöht sich das Risiko, in einen traumatischen Prozess zu geraten, aus dem man in der Folge oft nur mit professioneller Hilfe
wieder herauskommt.

3. *Verarbeitungsphase:* Die Verarbeitung von emotional belastenden
Erlebnissen hängt davon ab, ob es dem Betroffenen gelingt, die
gemachten Erfahrungen zu bewältigen und in den Lebenskontext
zu integrieren. Man lernt, quasi mit dem Ereignis zu leben.
Aufgrund unserer genetischen Schutzmechanismen gelingt es
den meisten Menschen aus eigener Kraft, jedes auch noch so
belastende Ereignis selbst zu verarbeiten. Die erfolgreiche Verarbeitung hängt von zwei Risikofaktoren ab: Zum einen von der
privaten und beruflichen Zufriedenheit, zum anderen von sogenannten Vor-Traumatisierungen. Ein Mensch, der mit sich und
seinem Leben privat wie beruflich halbwegs zufrieden ist, hat im
Grunde genommen den besten Schutz vor den Belastungen des
Lebens und es gelingt ihm oder ihr, emotional stressige Erlebnisse gut und vollständig zu verarbeiten. Aber Menschen, die
alleine leben, keine Familien und keine Freunde haben und
darüber hinaus im Beruf eher unzufrieden sind, haben ein deutlich erhöhtes Risiko, viel länger unter einem belastenden Erlebnis
zu leiden. Ein zweiter Risikofaktor sind die eben genannten Vor-
Traumatisierungen. Bei Menschen, die also bereits belastende
Dinge erlebt haben, wie zum Beispiel den Verlust eines geliebten
Menschen, einen Unfall, eine schwere Erkrankung o. ä., können
diese Erlebnisse durch das neue belastende Ereignis wieder an die
Oberfläche gespült werden und am Ende dazu führen, dass man
das erneute Ereignis nicht aus eigener Kraft verarbeiten kann. In
dem Fall könnte professionelle Hilfe erforderlich sein.

Die psychologische erste Hilfe zielt hauptsächlich auf die Beruhigung des
Betroffenen zur Linderung des ersten Schocks ab, zum Beispiel durch
ansprechen, nicht alleine lassen, Distanzierung vom Überfall oder Unfallort,

Begleitung nach Hause oder zur Polizei etc. Folgende Aspekte spielen hier eine wichtige Rolle:

- Beruhigung des Betroffenen,
- Vermittlung von Sicherheit,
- Information und Transparenz von eingeleiteten Maßnahmen,
- aktives Zuhören.

Eine psychologische erste Hilfe muss nicht unbedingt von speziell ausgebildetem Fachpersonal durchgeführt werden. Im Grunde genommen kann hier jeder Mensch einem anderen helfen und durch einfache Beruhigungstechniken eine wichtige Voraussetzung für die Verarbeitung des Erlebnisses schaffen.

Eine psychologische Akutintervention wird optimal nach Abklingen des ersten Schocks durchgeführt. Diese Intervention umfasst ein Gesamtpaket von Maßnahmen:

- *Psychoedukation*, d. h. Informierung und Aufklärung des Betroffenen über die Normalität der Symptome. Alle Symptome, die nach einem emotional belastenden Erlebnis auftreten, sind in vielen Fällen eine normale Reaktion auf ein verrücktes Ereignis (siehe Kapitel 4). Die Psychoedukation besteht hauptsächlich in der Vermittlung von Informationen zum Thema Trauma (Verlauf, Dauer, Reaktion, Symptome etc.). Damit kann eine umfassende Psychoedukation erheblich den Heilungsverlauf unterstützen. Die Psychoedukation ist nicht streng konzeptionell festgelegt, sondern wird nach den individuellen Informationsbedürfnissen der Betroffenen ausgestaltet. Dementsprechend wird von psychologischen Akuthelfern ein umfangreiches Fachwissen über Traumata verlangt.
- *Stabilisierung der Betroffenen.* Das lässt sich oft schon erreichen, indem man die Betroffenen beruhigt und ihnen die Gelegenheit gibt, sich an einen sicheren Ort zu begeben oder mit vertrauten Personen zusammenzuführen, um möglichst schnell Ruhe und Abstand zum Erlebten herzustellen. Zur akuten Stabilisierung haben sich insbesondere leicht erlernbare Techniken zur Distanzierung und Selbstberuhigung bewährt. Hierzu zählt eine ganze

Reihe von imaginär tiefen Techniken, das bedeutet, dass die Vorstellungskraft, im besten Fall die eigenen Fantasien, als Heilmittel genutzt werden können.

- *Risikoeinschätzung:* Experten können eine sehr zuverlässige Prognose abgeben, wie hoch das Risiko ist, dass möglicherweise negative Folgen oder psychische Belastungsreaktionen eintreten können. Für eine zuverlässige und wissenschaftlich abgesicherte Risikoeinschätzung gibt es zahlreiche Risiko-Checklisten, die von Fachtherapeuten verwendet werden. Es ist also möglich zu testen, wie schwer eine emotionale Belastungsreaktion ausfallen kann.
- *Nachsorgeplanung und Betreuung.* Schließlich sollten eine individuelle Nachsorgeplanung und Betreuung durchgeführt werden, damit sichergestellt werden kann, dass das grundlegende Sicherheitsgefühl der Betroffenen wiederhergestellt und dauerhaft erhalten werden kann. Entsprechend der individuellen Risikoeinschätzung wird in der Nachsorge (Nachsorgegespräche und Nachuntersuchungen) der weitere Verarbeitungsverlauf intensiv beobachtet und bei auftretenden Störfaktoren frühzeitig eingegriffen. Bei einem hohen Risiko für negative Langzeitfolgen wird eine schnelle Vermittlung in ambulante oder stationäre Therapie empfohlen.

Aufgrund unserer langjährigen, praktischen Erfahrung in der psychologischen Akutintervention können wir Ihnen mit Sicherheit sagen, dass sich folgende Handlungsstrategien bewährt haben:

- Wenn ein Mensch emotional belastende Erlebnisse erfahren musste, sollte man grundsätzlich alleine mit diesen Menschen sprechen, unter vier Augen, und nicht im Beisein anderer, es sei denn, es ist der ausdrückliche Wunsch des Betroffenen, dass hier möglicherweise andere für ihn wichtige Vertrauenspersonen dabei sind. Werden Gespräche in Gruppen geführt, sollten diese ausschließlich informativen Charakter haben und nicht in die persönlichen Erlebniswelten eindringen.
- Wenn möglich, sollte sich der Betroffene unmittelbar nach dem Ereignis vom Ort des Geschehens entfernen. Jede Konfrontation führt nur zu einer Erlebnisaktivierung und erhöht dadurch das Risiko einer Retraumatisierung. Hilfreich ist es, wenn man Menschen

an einen sicheren, ruhigen und störungsfreien Ort bringt, der wenig Konfrontation mit dem bereits traumatischen Ereignis bietet.

- Unmittelbar nach Abklingen des akuten Schocks kann sehr effektiv geholfen werden. Besonders hilfreich ist es, wenn ein einzelner Mensch als stabile Persönlichkeit beim Betroffenen ist und alleine durch seine oder ihre Anwesenheit stellvertretend Hoffnung und Zuversicht vermittelt, tröstet, Mut macht und den Blick möglichst schnell in die Zukunft richtet, damit der Betroffene eine Vorstellung davon bekommt, wie es sein könnte, wenn es ihm wieder besser geht.

- Essen und Trinken halten Leib und Seele zusammen und Essen tröstet. Außerdem ist es hilfreich, die Ressourcen und eigenen Kraftquellen des Betroffenen zu nutzen.

- Die Vermittlung und Anwendung von Entspannungstechniken können außerordentlich hilfreich sein und fördern und unterstützen die Selbstheilungsmechanismen. Wer sich entspannen kann, kann emotionalen Stress sehr viel schneller verarbeiten, weil eine körperliche und mentale Entspannung emotional wie körperlich genau das Gegenteil von Stress ist.

Was hilft heilen?

Das Wort „heilen" ist ein sehr schönes, altes, deutsches Wort. Eine meiner Töchter sagte einmal vor ein paar Jahren, als sie mit ihrer kaputten Puppe an meiner Seite stand: „Papa, mach mal heile!" Der Arm der Puppe war ab und ich habe ihn wieder repariert, die Puppe war wieder heile und die Therapie erfolgreich. Heilfroh ist man, wenn man ganz und gar froh ist. Heil bedeutet: Glück, Gesundheit, Rettung, Beistand.

INFORMATIONEN

Im Christentum bedeutet Heil auch die Erlösung von den Sünden und Gewährung der ewigen Seligkeit. Das griechische Wort „holos", was so viel heißt wie „ganz", „vollständig", findet sich wieder in Begriffen wie Holografie oder Hologramm. Auch in der Märchenpsychologie gibt es eine Mutter der Ganzheit, nämlich Frau Holle, die Mutter der Erde. Vielleicht lesen Sie das Märchen von Frau Holle jetzt aus einer ganz neuen Perspektive?!

Therapie hat im Übrigen auch den gleichen Wortursprung und heißt im Grunde nichts anderes als „die Ganzheit eines Menschen wiederherzustellen", nachdem ich geschaut habe, was diesem Menschen fehlt. Und wenn ein Kind Sie fragt: „Kannst du das heile machen?", ist das Spielzeug in dem Moment wieder ganz (heil), wo das abgebrochene Teil wieder befestigt ist.

Zusammengefasst können wir sagen, dass mit Selbstheilung der Prozess beschrieben werden soll, in dem ein Mensch wieder selbstständig vollständig wird.

Seelische Verletzungen und seelische Selbstheilung sind vergleichbar mit körperlichen Verletzungen und der körperlichen Selbstheilung: Bei einer Schnittverletzung beispielsweise blutet zunächst die Wunde. Irgendwann hört die Blutung auf und die Wunde verschließt sich. Noch schmerzt die Wunde. Wenn Keime in die Wunde geraten sind, kann sie sich entzünden und muss entsprechend ärztlich versorgt werden. Mit etwas Zeit heilt die Wunde immer weiter. Sie schmerzt immer weniger und wird zunehmend belastbarer. Manchmal juckt die Wunde. Irgendwann ist die Wunde ausgeheilt. Es kann vielleicht eine Narbe zurückbleiben, die an die Verwundung erinnert. Aber die Narbe tut nicht weh. Der Satz: „Die Zeit heilt alle Wunden" kann stimmen. Aber vielleicht auch nur teilweise. Traumata sind zwar sehr schwere seelische Verletzungen, die einen ganz besonderen Verlauf haben und ganz besondere Hilfe erfordern, aber am Ende sind es doch Wunden, die auch heilen können.

Selbstheilung heißt wieder *selbstständig vollständig* werden

© Liane Metzler

Stabilisierung, Ruhe und Abstand

Wichtig für Interventionsstrategien ist die Frage: „Was kann ich tun, um einem Menschen zu helfen?" Hier liefert die Psychotherapieforschung ganz wichtige Ergebnisse. Ergebnisse, die nicht zufällig entstanden sind, sondern kontrollierbar und wiederholbar sind, zeigen, dass es für einen betroffenen Menschen besonders hilfreich ist, ihn zu stabilisieren, ganz viel Ruhe und Abstand zu bewahren und ihn nicht mit dem Ereignis immer wieder zu konfrontieren. Es ist also wichtig, ihn möglichst schnell auch von dem Ort des Geschehens an sichere Orte, in eine gewohnte Umgebung mit Menschen, denen er vertrauen kann, zu bringen, um die natürlichen Selbstheilungsmechanismen in Gang zu setzen.

Aufklärung und Information

Weitere wichtige Punkte sind *Aufklärung und Information*. Menschen müssen nach einem traumatischen Ereignis aufgeklärt und informiert werden. Menschen müssen wissen, dass die Symptome, die sie zeigen, eine völlig normale Reaktion auf dieses verrückte Ereignis sind; schwierige Phasen sind selbstverständlich im Leben. Aufklärung und Information geben Sicherheit. Wenn ich einem Menschen erkläre und genau sage, wie die nächsten Tage, Wochen und Monate aussehen, dann kann dieser Mensch für sich kontrollieren, wo er/sie in dem Heilverlauf steht und damit auch Hoffnung und Perspektiven entwickeln, dass das Ganze am Ende erfolgreich verlaufen wird. Was Menschen ganz besonders hilft, ist *Wertschätzung*. Wertschätzung hilft dem Heilprozess. Je größer die Wertschätzung ist, die man einem Menschen nach einem traumatischen Ereignis entgegenbringt, desto besser sind die Heilverläufe. Wertschätzung – das müssen keine großen Dinge sein – heißt Anteil nehmen. Das kann zum Beispiel in Form eines Blumenstraußes, eines Gutscheins für ein Essen oder einer liebevollen Bemerkung zum Ausdruck gebracht werden. „Es tut mir leid, was Ihnen passiert ist", kann man auch als Therapeut oder als Vorgesetzter einem Menschen sagen und somit zeigen, dass man ihm als Mitmensch begegnet.

Ein Trauma kann auch mit einem Kratzer auf Vinylschallplatten verglichen werden – die älteren Menschen wissen es noch. Wenn diese Schallplatten früher einen Kratzer hatten, dann blieb die Nadel dort hängen und kam nicht über diese Stelle hinweg. Ähnlich verhält es sich mit einem Trauma. Manchmal ist es ein kleiner, aber sehr einschneidender Kratzer, der dazu führt, dass das Leben nicht so weiterspielt, wie es dies ohne diesen Kratzer tun würde. Früher hat es geholfen, die Nadel in die nächste Rille zu heben; so bedeutet Hilfe oft, eine direkte aktive Hilfe den Menschen, den Patienten, den Betroffenen zukommen zu lassen. „Ich muss sie an die Hand nehmen", was manchmal manipulativ sein kann im wahrsten Sinne des Wortes.

An die Hand nehmen und trösten

Hilfe ist immer manipulativ „Manus pulare" (lat. manus, Hand/pulare, ziehen). Im Lateinischen heißt „an die Hand nehmen – an der Hand ziehen". Wenn man einen ertrinkenden Menschen aus dem Rhein rettet, ist das immer Manipulation und das ist nichts Schlechtes, sondern eine aktive Hilfe. Trauma-Betroffene brauchen sehr direktive, sehr aktive Hilfe. Weiterhin ist wichtig, die Aufmerksamkeit ganz bewusst auf schöne, angenehme Dinge umzulenken. Es ist nicht gut, sich immer mit dem schlimmsten Teil des Erlebten zu beschäftigen. Konfrontation bedeutet Erlebnisaktivierung. Die grauenvollen Bilder werden immer und immer wieder wachgerufen und können somit eine Retraumatisierung auslösen. Aus der Hirnforschung wissen wir, dass bei emotionalem Stress im Schmerzzentrum des Gehirns die bekannten Stresshormone Adrenalin und Noradrenalin freigesetzt werden; körpereigene Opiate werden freigesetzt, die Denken, Fühlen und Handeln voneinander entkoppeln und das führt dazu, dass es nicht planbare, nicht vorhersehbare Reaktionen gibt. Die besten Forschungen stammen aus sogenannten bildgebenden Verfahren. Man kann heute im Rahmen der Gehirnforschung im Gehirn sehr deutlich farbig und dreidimensional abbilden, was bei Traumata und Stress passiert. Interessant ist dabei die Erkenntnis, dass das Schmerzzentrum regelrechte Neuronen-Feuerwerke abbrennt, die aber nach Beendigung des schmerzhaften, traumatischen Ereignisses nicht aufhören, sondern oft über Wochen und Monate ihre Aktivität beibehalten. Das bedeutet für die Heilung und die Stabilisierung eines Menschen, dass vielmehr das sogenannte Motivationszentrum im Gehirn aktiviert werden muss, um eine Erleichterung oder Linderung herbeizuführen. Motivationszentrum nennen die Hirnforscher einen Bereich im Gehirn, in dem ein Hormoncocktail gemischt wird, der dazu führt, dass es uns besser geht. Dieser Hormoncocktail besteht aus Serotonin und Dopamin, den beiden wichtigsten Hirnbotenstoffen. Sie gehören zur Gruppe der Endorphine, den sogenannten Glückshormonen. Dazu kommen dann körpereigene Opiate und das Bindungs- und Vertrauenshormon Oxytozin.

Langsames Umlenken der Aufmerksamkeit und Aufbau von Hemmungen

In dem Moment, in dem wir natürliche Rauschzustände erleben, weil wir viel Spaß und Freude haben, wird das Motivationszentrum im Gehirn aktiviert und das führt dazu, dass neuronale Verbindungen zum Schmerzzentrum aufgebaut werden, der Schmerz nachlässt und das traumatische Ereignis verarbeitet werden kann. In der Hypnotherapie spricht man davon, Hemmungen aufzubauen, d. h. also, nicht auf die schlimmsten Dinge zu blicken, sondern die Aufmerksamkeit und den Blick in die Zukunft zu richten, eine Vorstellung davon zu bekommen, wie es sein könnte, wenn es mir wieder besser geht. Hier gibt es zahlreiche, kreative Techniken, mit denen gearbeitet werden kann, die dazu führen, dass die Ressourcen eines Menschen ausgeschöpft werden, um das traumatische Ereignis zu überleben.

Wiederherstellung von Sicherheit

Um die möglichen Folgen des ständigen Zurückblickens auf ein Trauma besser zu versinnbildlichen, lohnt es sich, die Erinnerungen aus dem Religionsunterricht wieder auszugraben und die Bibelgeschichte über Lots vor Augen zu führen: Lots Frau hat ihre Kinder und ihren Mann verloren, Tod, Krankheit, ein abgebranntes Haus, alles das hat sie erlebt. Sie wird aufgefordert, den Ort zu verlassen und sich nicht umzudrehen. Am Ende dreht sie sich aber doch um und erstarrt zur Salzsäule. (Gen. 19, 1-26).

Zur Salzsäule erstarren, das ist ein Bild, das sehr leicht erklärt werden kann, denn Tränen eines Menschen sind salzhaltig und wenn ein Mensch nur noch weint, nur noch auf die schlimmsten Dinge blickt, dann erstarrt er irgendwann zur Salzsäule, das bedeutet auch, zu viel Analyse führt zu Paralyse.

> Jede Minute, die du in der Vergangenheit bist, fehlt dir in der Gegenwart.
>
> *Fritz Perls*

Nach einem leidvollen Ereignis ist es grundlegend, sich mit den wichtigsten Dingen zu beschäftigen, d. h. also so viel Vergangenheit wie nötig, aber so viel Zukunft wie möglich zu verschaffen; also immer wieder die Ressourcen zu nutzen und die Aufmerksamkeit in die Zukunft zu richten.

Wiedergewinnung von (Selbst-)Kontrolle

Das Wichtigste aber, was einem Menschen nach einem traumatischen Lebensereignis hilft, ist die unmittelbare Anwesenheit einer stabilen Persönlichkeit. Ein stabiler Mensch, der nicht weinend vom Stuhl fällt, wenn er die schlimmste Geschichte hört, der das Prinzip der stellvertretenden Hoffnung, der stellvertretenden Zuversicht vermittelt, der da ist, der aushält, der vieles regelt, das ist das, was einem Menschen hilft. Es sind also nicht unbedingt die Experten, die Psychologen, die Mediziner, die helfen, sondern die Anwesenheit eines einzelnen besten Freundes, eines Partners, eines Vorgesetzten, einer Kollegin, ist ausreichend, um einem Menschen den Weg in die Normalität wieder zu ermöglichen.

Ein einziger Mensch reicht aus, damit mein Leben wieder ins Gleichgewicht kommt. Ein Mensch, der auch in schwierigen Zeiten zu mir hält und keine

Vorwürfe macht. Es kann eine Freundin sein oder vielleicht ein Freund. Ein Angehöriger oder eine Kollegin. Eine Vertrauensperson, die mir stellvertretend Hoffnung und Zuversicht vermittelt, mich tröstet, mir Sicherheit gibt und an mich glaubt. Menschen, die keinen einzigen Menschen an ihrer Seite haben, können sich mit einem bezahlten Freund helfen, wie Therapeuten auch genannt werden.

Spaß und Freude stärken die Selbstheilungskräfte!

© Liane Metzler

Staunen – sich wundern

Als Menschen haben wir fünf Grundgefühle: Das sind Trauer, Wut, Freude, Ärger und Orgasmus (nach Fritz Perls (auch Frederick S. Pearls), einem maßgeblichen Begründer der Gestalttherapie; vgl. Rahm, D.: Einführung in die Integrative Therapie. Grundlagen und Praxis (Reihe Innovative Psychotherapie und Humanwissenschaften, Band 51). Junfermann 1993). Wut und Ärger sind von der Gefühlsenergie sehr ähnlich, sie unterscheiden sich lediglich durch die Richtung: Ich ärgere mich über mich und ich bin wütend auf andere. Diese fünf Grundgefühle bestimmen unser Leben und sie bestimmen unsere Gesundheit.

Es gibt jedoch noch ein sechstes Gefühl, das allerdings im Laufe der Jahrhunderte völlig in Vergessenheit geraten ist und das ist das Staunen. Das Staunen galt in der Antike als Voraussetzung für die menschliche Existenz und das Denken überhaupt. Heute hat man das Gefühl, als könnten nur noch die Dummen und die Kinder staunen. Wenn ich aber sehe, wie oft meine Töchter staunen, desto mehr wird mir klar, dass Staunen, beziehungsweise „sich wundern" eine starke Kraft ist, um die Gesundheit zu erhalten. „Staunen" bedeutet auch, Dinge nicht für selbstverständlich zu nehmen (Martens, E.: Vom Staunen oder die Rückkehr der Neugier. Reclam 2003). „Staunen" heißt, sehr achtsam zu sein und sich auch an kleinen Dingen erfreuen zu können. Wenn wir wieder staunen können, dann sind wir auf dem besten Weg, gesund zu sein und gesund zu bleiben.

Wecke den Tiger in dir! Er ist die Kraft zur Selbstheilung

© Lüdke

Je größer die Belastungen unseres Lebens, unseres Arbeitsalltags sind, umso wichtiger ist es, darauf zu achten, in der Freizeit Dinge zu tun, die unglaublich viel Spaß und Freude bereiten, aber nicht unbedingt einen tiefen Sinn ergeben. Es ist wichtig, dass sie viel Spaß machen, dass sie uns sehr zufrieden und sehr glücklich machen, um die natürlichen Selbstheilungskräfte zu stärken.

10 Tera-Pi – die Präventive Onlinetherapie

Die Digitalisierung macht auch vor der Psychotherapie nicht halt. Seit Ende der 90er Jahre gibt es bereits Studien, die untersuchen, ob das Medium Internet geeignet ist für therapeutische Zwecke. Die Antwort lautet: Ja! Inzwischen gibt es immer mehr Anbieter, die über das Internet unkomplizierte Hilfe rund um die Uhr versprechen. Oft ist von *Digitaler Therapie* die Rede, selbst wenn die Angebote keine Psychotherapie im engeren Sinne bieten. Für Hilfesuchende ist es daher oft sehr schwer zu unterscheiden, welchen Nutzen oder Mehrwert sie erwarten dürfen, wenn sie sich für ein bestimmtes Programm entscheiden.

Ein für uns wichtiges Orientierungsmerkmal ist der Grad der Automatisierung. Handelt es sich um reine Textbausteine oder haben Sie am Ende der elektronischen Leitung einen echten lebenden und qualifizierten Therapeuten? Wenn Sie mit einer Therapeutin oder einem Therapeuten per E-Mail oder per Skype kommunizieren können, ist hier nichts automatisiert, sondern es wird lediglich das Medium Internet für das therapeutische Gespräch genutzt.

Ein klarer Nachteil der digitalen Gespräche stellt das Fehlen der nonverbalen Kommunikation dar, wodurch das Risiko von Missverständnissen sich erhöht. Digitale Therapien sollen aber herkömmliche Therapien, die face-to-face stattfinden, nicht ersetzen, sondern sie sollen sie ergänzen. Außerdem können sie die oft quälend langen Wartezeiten für einen qualifizierten Therapieplatz erheblich verkürzen. In Deutschland beträgt die durchschnittliche Wartezeit immerhin rund sechs Monate. Wartezeiten sorgen aber immer nur für Chronifizierungen und nicht für schnelle Hilfe. Hier liegt einer der größten Vorteile der Online-Therapien, denn Hilfesuchende können im Internet sofort auf Hilfe hoffen.

> » Online-Therapie ist Nähe trotz Distanz.

Eine der wichtigsten Fähigkeiten von Psychotherapeuten ist die Gabe der guten Beobachtung. Therapeuten beobachten, sie sind keine Hellseher und keine Detektive. Vor einem Therapeuten sitzt ein Mensch, der Symptome zeigt. Gute Therapeuten erkennen diese Symptome sehr schnell und können sie in einer Diagnose zusammenfassen, um danach eine qualifizierte und souveräne Behandlung zu beginnen. Bei Online-Therapien ist man zunächst auf das geschriebene Wort angewiesen, es bietet dadurch allerdings auch eine Reihe von Vorteilen, denn die auf Wunsch gewährte Anonymität senkt auch die Hemmschwellen, sodass Hilfesuchende sich oft mehr trauen, persönliche Dinge zu erzählen, als sie es in einer persönlichen Begegnung tun würden.

Wir gehen davon aus, dass internetbasierte Interventionen in der Zukunft mehr und mehr genutzt werden, weil sie vieles einfacher machen. Keine Wartezeiten, keine langen Wege, keine Termine am Morgen oder mittags. Online-Programme bieten Patienten darüber hinaus auch die Möglichkeit von Selbstlernangeboten, die kognitive und emotionale Lernprozesse auslösen. Interessierte können sich zwischen verschiedenen Modulen entscheiden und sich tagtäglich selbstständig durch verschiedene Übungen arbeiten, die sehr häufig aus der Verhaltenstherapie kommen. Hierbei können sie eigene Ressourcen und Stärken erkennen und sie im Alltag anwenden. Sie können Entspannungstechniken lernen, ihre Zeit effektiver zu nutzen, Prioritäten richtig zu setzen und Konflikte leichter und zufriedener lösen. Internetbasierte Selbsthilfeprogramme können für Betroffene eine sehr gute Möglichkeit sein, ihre Probleme selbstständig anzugehen und ihre Krisen aus eigener Kraft zu bewältigen.

Wer sich Online Hilfe holt, kann anonym bleiben und seinen Alltag wie gewohnt gestalten. Wer akut in einer Krise steckt und dadurch emotional belastet ist, kann durch Selbsthilfeprogramme sehr schnell Halt finden und diese Online-Programme als Übergangslösung nutzen, um die Wartezeit auf einen Therapieplatz zu überbrücken. Digitale Programme, die wie bei einer herkömmlichen Therapie durch eine echte Therapeutin oder einen echten Therapeuten begleitet werden, können dadurch die seit vielen Jahren bestehende psychosoziale Versorgungslücke schließen. Es gibt inzwischen zahlreiche Studien, die allesamt zu dem Ergebnis kommen, dass internetbasierte Programme absolut gleichwertig sind mit einer herkömmlichen Therapie. Voraussetzung hierfür ist natürlich, dass die Hilfesuchenden offen sind für diese neue Form der Behandlung. Es gibt eine ganze Reihe von Patientengruppen, für die die internetbasierte Behandlung zahlreiche Vorteile hat. Oft sind es stark betroffene Patienten, die unter massiven körperlichen und/oder seelischen Schmerzen leiden. Sie haben häufig große Schwierigkeiten, die Kraft aufzubringen, um psychotherapeutische Hilfe in Anspruch zu nehmen. Allein der wöchentliche Weg in die Praxis bedeutet für viele eine massive Überforderung. Aus diesem Grund, so zeigen aktuelle Studien, müssen internetbasierte Behandlungen nicht nur auf leichte Erkrankungen beschränkt bleiben. Die einzige Ausnahme, die gegen eine Onlinehilfe spricht, besteht darin, wenn die Gefahr einer Fremd- oder Selbstgefährdung vorhanden ist, weil sie über das Internet nicht kontrollierbar wäre.

Mit Hilfe einer Online-Therapie kann die Therapeutin oder der Therapeut zu einem wichtigen digitalen Begleiter werden. Internetbehandlungen können das richtige Mittel zum Zweck sein, da sie individuell und persönlich, dazu sehr strukturiert und geradlinig durch die Module führen. Der große Ansturm auf internetbasierte Interventionen ist in Deutschland bisher ausgeblieben. Hilfesuchende bevorzugen es nach wie vor, sich Hilfe von Angesicht zu Angesicht zu suchen. Ein weiterer Grund, warum internetbasierte Therapien noch nicht so viel genutzt werden, liegt schlichtweg an der Tatsache, dass diese Angebote noch nicht genügend bekannt sind.

Die höchste Akzeptanz haben Online-Therapien, wenn sie mit einem persönlichen Kontakt beginnen und dann in einer internetbasierten Selbsthilfe in Verbindung mit Selbstlernprogrammen verbunden werden können. Das Internet ist dann quasi wie eine Nabelschnur zum Therapeuten oder zur Therapeutin. Onlineprogramme, die auf der kognitiven Verhaltenstherapie basieren, können hervorragend geeignet sein, um ungesunde Denkmuster zu überwinden und alternative Verhaltensweisen zu trainieren. Bei den meisten Onlineprogrammen werden derzeit die Methoden herkömmlicher Therapien ins Internet übersetzt. Vermutlich wird es aber in der Zukunft auch hier ganz neue Dimensionen geben (man denke an die Trends von Robotik und künstlicher Intelligenz). Bald wird es sicherlich Chatroboter geben, die, als digitale Therapeuten mit künstlicher Intelligenz, Menschen mit Depressionen und Ängsten helfen werden können.

MERKE

Wichtige Merkmale eines seriösen und souveränen Online-programms sind der Datenschutz und die Zertifizierung des Programms durch die zentrale Prüfstelle Prävention, hinter der sich alle großen Krankenkassen und Betriebskran-kenkassen befinden. Eine der ersten qualifizierten Online-therapien ist die von der Firma TERAPON entwickelte internetbasierte Soforthilfe Tera-Pi. Sie wurde von der Zen-tralprüfstelle Prävention als erste präventive Psychothera-pie zertifiziert (www.terapi.de).

Die Module dieses internetbasierten Selbsthilfeprogramms erfüllen alle rele-vanten Qualitätskriterien. Auch die Bundespsychotherapeutenkammer (BPtK) hat inzwischen die Wirksamkeit von internetbasierten Interventionen aner-kannt – aber nicht als *Ersatz*, sondern als *Ergänzung* der psychotherapeu-tischen Behandlung in der Praxis oder Klinik. Es wäre wünschenswert, dass diese als Teil der Regelversorgung in naher Zukunft zugelassen werden. *Menschen brauchen Menschen* und es gibt weder einen Ersatz für Menschen noch für das Leben. Aber mit den richtigen Instrumenten und Werkzeugen können wir uns das Leben und auch die Therapie leichter machen.

Digitale Therapie – die wirksame Hilfe aus dem Netz

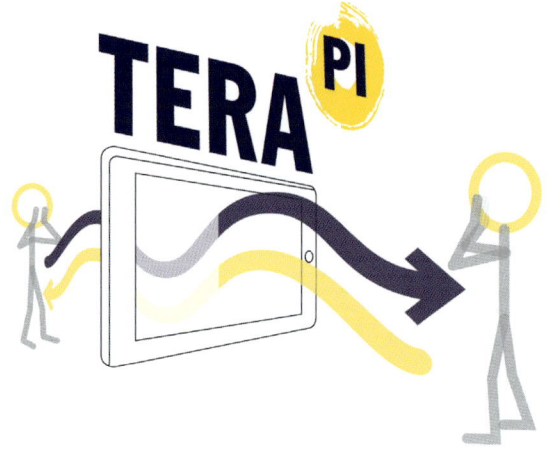

© Terapon Consulting GmbH

11   Hilfe für Kinder und Angehörige

Kinder, Angehörige und Partner von Trauma-Betroffenen können vom Trauma schleichend ergriffen werden. Sie leiden dann im wahrsten Sinne des Wortes mit und fühlen sich oft hilflos und sehr belastet. Wichtig für die Angehörigen sind umfassende Informationen. Sie geben Sicherheit und Orientierung. Auch Kinder können seelische Verletzungen erleiden. Sie reagieren teilweise anders als Erwachsene. Bei Trauer und Verlust eines geliebten Menschen brauchen die Betroffenen viel Zeit und Unterstützung. Trauer ist ein wichtiger Selbstreinigungsprozess. Bei der Bewältigung und Verarbeitung von Trauma und Trauer sind Kinder oft sehr kreativ.

Wie soll man mit Angehörigen und Partnern von Trauma-Betroffenen umgehen?

Aus der praktischen Erfahrung mit Akut-Betroffenen ist schon länger bekannt, dass Kinder, Angehörige und Partner von Trauma-Opfern ebenfalls erheblich belastet sein können. Neben der Hilflosigkeit, dem Angehörigen „irgendwie helfen zu wollen", aber nicht zu wissen *wie* und das über einen längeren Zeitraum als geahnt, können die Angehörigen und Partner auch sukzessive traumatisiert werden: Die Angst bzw. die Todesangst um den Nahestehenden kann nachträglich selbst traumatisierend für den Angehörigen/Partner wirken. Die Angehörigen/Partner leiden buchstäblich mit und können genau die gleichen Symptome entwickeln wie die Betroffenen selbst (vgl. Kap. 5). Die Erkennung der eigenen Belastung ist hierbei der erste Schritt sowohl zur Selbsthilfe als auch zur Unterstützung des traumatisierten Angehörigen/Partners.

Nachträgliche Traumatisierungen bedürfen der gleichen Behandlung wie akute Traumatisierungen: Selbstheilungskräfte müssen mobilisiert werden und gegebenenfalls muss professionelle Hilfe in Anspruch genommen werden. Die Angehörigen/Partner sollten darüber informiert werden, ihre eigene Belastung genau zu überprüfen und sich gegebenenfalls professionelle Hilfe zu suchen. Dem Traumatisierten kann der Partner oder Angehörige am besten helfen, indem er vor allem Informationen über Traumata hat:

Dauer, Verlauf, Symptome etc. Mit jeglicher Unterstützung und „Verwöhnung" kann der Partner dem Trauma-Opfer in dieser für den Betroffenen hochverletzlichen Zeit der Verarbeitung helfen, die länger dauert als allgemein – und auch vom Partner – angenommen. Kochen, schöne gemeinsame Freizeitaktivitäten etc. helfen hierbei enorm; es ist nicht immer nur das Gespräch darüber, das hilft. Aber wenn ein Gespräch gewünscht wird, dann sollte der Partner dafür da sein (auch zum x-ten Male). Auch wenn Trauma-Betroffene für den Partner/den Angehörigen verändert erscheinen (z. B. stimmungsschwankend, in sich zurückgezogen etc.), sollte er angeleitet werden, dies zu akzeptieren. Für die Zeit der Verarbeitung ist das völlig normal und sollte den Partner nicht beunruhigen.

Unterstützung bei Trauer und Verlust eines geliebten Menschen

Der Verlust einer nahestehenden Person ist immer ein sehr schweres Ereignis. Besonders schwer wird der Verlust, wenn der Tod plötzlich und unvorhergesehen eingetreten ist bzw. durch einen Unfall oder eine Gewalttat verursacht wurde. Trauer ist eine normale Reaktion auf den Verlust einer nahestehenden Person und benötigt viel Zeit. Nicht umsonst spricht der Volksmund vom „Trauerjahr". Aber auch hier sind die Dauer der Trauer und die Schwere der Trauerbelastung abhängig von den Todesumständen. Der plötzliche und unvorhersehbare Tod eines Nahestehenden oder der Tod durch eine Gewalttat ist ein besonders schweres traumatisches Ereignis für die Hinterbliebenen und verkompliziert den Trauerprozess.

» Du kannst nicht verhindern, dass die Vögel der Trauer um deinen Kopf kreisen. Aber du kannst verhindern, dass sie darin Nester bauen.

Japanisches Sprichwort

Trauerreaktionen sind emotionalen Belastungsreaktionen sehr ähnlich – sowohl hinsichtlich der Symptome als auch hinsichtlich der Wechsel zwischen Phasen von Leugnung, Vermeidung, Hemmung und Phasen von Sich-Einlassen und fortschreitender Durcharbeitung. Wie bei dem Prozess der psychischen Traumatisierung verläuft auch der Trauerprozess grundsätzlich in den 3 Phasen:

1. Schockphase
2. Einwirkungsphase
3. Anpassungs-, Erholungs- und Neuorientierungsphase

1. Schockphase

Hier dominiert Betäubung, Schock, Verleugnung, Gefühlstaubheit, Rationalisierung und Intellektualisierung. Die Trauernden beschreiben sich häufig wie in Watte gepackt, „morgen stehe ich auf und der Alptraum ist vorbei", „die Tage, die Zeit, das Leben rauscht vorbei", „funktionieren und reagieren wie ein Automat", „Autopilot" etc.

2. Einwirkungsphase

Zunehmend wird der Tod und damit der Verlust realisiert, verbunden mit intensiven Gefühlen wie Verzweiflung, Schmerz, Angst und Depression. Die Betroffenen ziehen sich zurück und fühlen sich isoliert vom Leben. Phasen des Schmerzes (Trauerschübe), der Verzweiflung und des Durcharbeitens wechseln sich häufig ab mit Phasen der Leugnung, Vermeidung und Abwehr.

3. Anpassungs-, Erholungs- und Neuorientierungsphase

Die Trauma-Betroffenen passen sich zunehmend an ein Leben an, in dem der Verlorene fehlt. Zunehmend erfolgt eine Hinwendung zu neuen Personen und Erholung. Neuorientierung ist dann erfolgt, wenn für den Toten ein Platz im weiteren Leben gefunden wurde, der Erinnerungen zulässt, ohne das weitere Leben zu behindern.

Die Dauer der Phasen hängt von den Todesumständen ab. Bei Tod nach Gewalttaten kann die Schockphase bis zu zwei Monate dauern. Der Tod durch Gewalttaten verstößt u. U. gegen zwei Lebensgesetze: Der Mensch stirbt auf natürliche Weise und die Kinder überleben ihre Eltern.

Die Betroffenen berichten im Nachhinein, dass sie selbst kaum wussten, wie die Zeit vergangen sei. Sie handeln und reagieren fast automatisch, Gefühle werden vermieden und sie fühlen sich taub. Nach ca. zwei Monaten beginnen sie, den Verlust zunehmend zu realisieren, eine Prozessphase, die mit intensivem Trauerschmerz verbunden ist. Neben der allgemeinen Traurigkeit kommt es hierbei zu hoch belastenden „Trauerschüben", ein Zustand tiefsten Trauerschmerzes, der die Betroffenen sehr viel Kraft und Energie kostet. Wichtig ist, dass die Betroffenen lernen, dass sie den Trauerschmerz aushalten können und dass nach einem Trauerschub wieder ein ruhigerer Zustand erreicht wird, indem die intensiven Trauergefühle abgewehrt und vermieden werden.

Wenn man den gesamten Trauerprozess als Linie beschreibt, so sieht man in den seltensten Fällen ein stetiges Ansteigen der Verarbeitung. Vielmehr durchzieht den gesamten Trauerprozess ein ständiger Wechsel von Phasen intensiven Schmerzes und Phasen der Abwehr, die insgesamt aber eine steigende Verarbeitung zeigen.

Der Trauerprozess: Wechsel von intensivem Trauerschmerz und Abwehr

Das ist für die Betroffenen wichtig zu wissen: Durch die lange Dauer des Trauerprozesses (ca. ein Jahr, bei plötzlichem und unvorhersehbarem oder gewaltsamen Tod sogar noch länger) sorgen sich die Betroffenen häufig darüber, dass der jeweilige Prozesszustand der endgültige für die weitere Zukunft sein könnte. Die Betroffenen sorgen sich zum Beispiel, dass sie nichts mehr empfinden oder nicht mehr weinen können, wenn sie zu diesem Zeitpunkt in einer Phase der Abwehr und Vermeidung sind, und dass sie auch in Zukunft nichts mehr empfinden können. In Phasen des Durch-arbeitens und des intensiveren Trauerschmerzes befürchten die Trauernden häufig, dass sie in Zukunft immer so schmerzhaft leiden müssten. Auch wenn es die Betroffenen sehr viel Kraft kostet, dieses ständige Auf und Ab ist ein gutes Zeichen, dass der Trauerprozess vorangeht, wenn insgesamt das Auf und Ab ansteigend ist. Trauersymptome sind nicht nur psychische Reaktionen, wie zum Beispiel Depression, Schlaf- und Konzentrationsstö-rungen, Überregung und Nervosität, sondern können auch körperliche Reaktionen sein, wie Atem- oder Rückenbeschwerden, Magen-Darm-Störun-gen, Herz-Kreislauf-Störungen; körperliche Beschwerden sollten in jedem Fall von einem Arzt abgeklärt werden. Trauerarbeit ist für die Betroffenen Schwerstarbeit! Hinterbliebene müssen folgende „Traueraufgaben" bewälti-gen (vgl. Canacakis, J.: Auf der Suche nach den Regenbogentränen, Mün-chen 1994):

- Den Verlust realisieren und akzeptieren,
- Trauerschmerz erfahren und aushalten,
- sich an eine Umgebung anpassen, in der der Verstorbene fehlt,
- emotional für den Toten einen Platz im weiteren Leben finden, der Erinnerungen zulässt, ohne die weitere Lebensbewältigung zu behindern.

> **❯❯** Wenn der Wind der Veränderung weht, bauen die einen Mauern und die anderen Windmühlen.
>
> *Aus China*

Dazu kommen häufig zusätzliche Belastungen im sozialen Umfeld. Oft sind die Trauernden damit konfrontiert, dass Bekannte, Freunde, Angehörige, Kollegen o. a. schon nach wenigen Monaten oder sogar Wochen erwarten, dass der Trauernde „den Verlust verschmerzt hat" und sich in der Gemeinschaft wieder so verhält wie vor dem Verlust. Das ist eine enorme Belastung und Enttäuschung für den Betroffenen, der gerade im Trauerprozess auf Trost und Zuwendung von anderen angewiesen ist. Das führt auch häufig dazu, dass sich der Betroffene rechtfertigen muss, dass er noch nicht so aktiv und freudig am Gemeinschaftsleben teilnehmen kann wie vorher. Kompliziert wird es für das Umfeld, wenn der Betroffene zeitweilig gutgelaunt erscheint, was in dem ständigen Stimmungswechsel des gesamten Trauerprozesses sehr wohl vorkommt. Und es gehört eine große Selbststärke dazu, sich dahingehend zu vertreten und zu sagen: „Ich bin noch nicht soweit, und damit müsst ihr klarkommen!"

Eine weitere Belastung für die Betroffenen ist, dass die Personen im Umfeld oft unsicher sind, wie sie sich einem zutiefst Trauernden gegenüber verhalten sollen. Das führt häufig dazu, dass sie sich abwenden und der Trauernde weiter sozial isoliert wird. Ungerechtfertigte Anforderungen und Erwartungen müssen im Trauerprozess von den Betroffenen selbst abgelehnt werden. Trauerarbeit ist wichtig! Und sie kostet Zeit.

Trauma-Betroffene brauchen Trost und Zuwendung!

© Liane Metzler

Kinder mit seelischen Verletzungen

Wie gehen Kinder mit seelischen Verletzungen um? Was ist ihr Geheimnis und was sind ihre Stärken? Eltern oder Außenstehende können oft nur sehr schwer erkennen oder nachvollziehen, wie Kinder eine traumatische Situation gefühlsmäßig erlebt haben; jedoch können sie offensichtliche Verhaltensauffälligkeiten und Symptome erkennen und beobachten. Das Beobachten von kindlichen Reaktionen ist wichtiger als die Interpretation dieser Symptome. Von zentraler Bedeutung für die Arbeit mit emotional belasteten Kindern und Kindern von traumatisierten Eltern ist vor allem, *wie* die Kinder etwas erlebt haben und nicht, *was* sie erlebt haben!

Lernen durch Beobachtung und Imitation

Kinder sind wie Spiegel. Sie nehmen alles auf, was sie beeindruckt, um es dann sofort oder kurze Zeit später wieder zum Ausdruck zu bringen. Kinder lernen durch Beobachtung und Imitation. Dies geht sogar so weit, dass sie ihre Eltern oder andere wichtige Bezugspersonen bis ins kleinste Detail nachahmen. „Ich will so sein wie du" lautet das kindliche Lernprogramm.

Eltern geben dem Kind Sicherheit. Klare Strukturen und Grenzen helfen dem Kind, seine eigenen Fähigkeiten optimal zu entwickeln.

„Ich bin anders als du" lautet ein anderes kindliches Programm. Etwa zwischen dem zweiten und dritten Lebensjahr ist die sogenannte Ich-Entwicklung beim Kind abgeschlossen. Ich-Entwicklung bedeutet, dass ein Kind sich als eigenständige Person wahrnimmt. Ein Kind weiß, wo es aufhört und wo ein anderer Mensch anfängt. Sprachlich wird der Abschluss der Ich-Entwicklung dadurch deutlich, dass ein Kind von sich selbst nicht mehr mit dem eigenen Namen spricht. Bis zu dieser Zeit ist die Welt gegenständlich, sie besteht nur aus Gegenständen und Dingen, die man entdecken kann, und natürlich den Eltern. Das Kind wird sozusagen „von den Eltern angefangen", bis es sich dann „selbst anfängt". Kinder machen in dieser Zeit keinen Unterschied in ihren Liebesgefühlen gegenüber Menschen und Spielsachen. Sie streicheln ihre Lieblingsspielsachen genauso innig und lieb, wie sie vielleicht auch einmal ihre Mama streicheln. Um herauszufinden, wie man so wird wie Mama oder Papa, müssen die Kinder natürlich erst mal das machen, was sie sehen, auch ohne es zu verstehen. Ein beobachtetes Verhalten gibt ihnen Sicherheit und sie fangen an, selbstständig mit dem Beobachteten zu experimentieren. Erst sind die Eltern stolz, dass ein Kind genauso reagiert, wie sie es sich vielleicht wünschen und plötzlich verstehen sie die Welt nicht mehr, wenn das Kind genau das Gegenteil von dem macht, was es zuvor gelernt hat. Um das zu verstehen, muss man die vier Geheimnisse der Kinder kennen:

1. *Erstes Geheimnis:* Sie sind Zauberer. Sie können plötzlich Dinge, ohne dass wir mitbekommen haben, dass sie diese gelernt haben und wo sie diese gelernt haben.
2. *Zweites Geheimnis:* In dem Moment, wo sie ein gelerntes Verhalten beherrschen, bauen sie absichtlich Fehler ein, fordern uns Erwachsene heraus, um weiter daran zu lernen.
3. *Drittes Geheimnis:* Kinder sind gegenwärtiger als Erwachsene. Kinder sind das, was sie gerade tun.
4. *Viertes Geheimnis:* Kinder können in die Zukunft blicken, weil sie wissen, dass sie den nächsten Augenblick ganz bewusst gestalten können, und zwar so, wie sie es wollen.

Den stärksten Eindruck von dem, was Kinder bewegt, können wir in ihren Spielen erkennen. Das Spielen der Kinder ist quasi ein in Bewegung oder Kreativität umgesetztes, kindliches Gefühl. Inneres wird zu Äußerem und Äußeres wird zu Innerem. Kinder werden in ihren Spielen von magischen Fantasien und zauberhaftem Denken geleitet. Und weil das so viel Spaß macht, wiederholen sie es immer und immer wieder. Sie genießen dabei das Gefühl, nicht die Handlung. Auch die kindlichen Gefühle verändern sich und finden unmittelbaren Ausdruck im Spielzeug. Das kann auch schon mal Zerstörung sein. Spiele helfen den Kindern, sich in der Welt zurechtzufinden, indem sie sich fühlen. Über das Spiel holen sich Kinder natürliche Rauschzustände. Und zwar mit großem Vergnügen und mit ganz viel Spaß. Ihre Reaktionen, wenn sie dann plötzlich ins Bett gehen sollen, sind daraufhin ganz verständlich. Die Eltern werden nämlich zum Spielverderber, weil sie ihrem Kind ein anderes Gefühl vermitteln. Sie haben das Kind in seinem Gefühl gestört. Das Kind wehrt sich natürlich erst mit Wut und Tränen und später vielleicht mit dem einen oder anderen Trick, um die Schlafenszeit hinauszuzögern. Würden die Eltern das abendliche Zubettgehen hingegen mit in das kindliche Spiel einbeziehen, könnte es dem Kind sogar großes Vergnügen bereiten, schlafen zu gehen. Und zwar mit großer Regelmäßigkeit.

100 % Gefühl

Kinder sind 100 %ige Gefühlsmenschen. Sie können von einer Sekunde zur anderen vom Lachen in einen Tränenrausch und Wutausbruch geraten und sofort wieder zurück. Mit Tränen in den Augen lachen sie dann auch wieder aus tiefstem Herzen. Sie können es, weil sie sich zu jedem Augenblick ganz genau fühlen und das unmittelbar zum Ausdruck bringen. Wenn Kinder ein neues Verhalten zeigen, bedeutet dies gleichzeitig auch immer ein neues Gefühl für sie. Ihr Verhalten ist nur ein Symptom und nicht umgekehrt. Kinder sind Symptomträger. Ihr Verhalten spiegelt sehr genau ihre innere Erlebniswelt als Reaktion auf ein Ereignis wider, oder das Gefühl, bei dem sie gestört worden sind. Das gilt auch und insbesondere für traumatische Erlebnisse der Kinder. In der therapeutischen Arbeit mit Kindern hat mich ein Satz von Eltern, Lehrern und Erziehern immer massiv geärgert: „... mein Kind ist gestört, helfen sie ihm!"

>> Es gibt keine „schwierigen"
Kinder. Es gibt nur Kinder
mit schwierigen Eltern.

Als Kinder- und Jugendlichenpsycho-therapeut hat man vor allem die Hauptaufgabe, sogenannten „gestör-ten Kindern" zu helfen. Jedoch ist da-bei zu berücksichtigen, dass es in den seltensten Fällen zutrifft, dass ein Kind gestört ist. Wichtiger wäre viel-mehr, die Frage zu stellen, wobei ein Kind gestört wurde: beim Spielen, beim Fröhlichsein, beim Traurig- oder Wütendsein (...), beim Entwickeln seiner Fähigkeiten oder beim Bewältigen von Problemen. Anstatt dem Kind zu helfen, wird es daran gehindert, wütend oder traurig zu sein und ist am Ende dann „behindert" (traurig, wütend usw.).

100 % Sinn-Voll

Das Leben von Kindern ist zu jedem Zeitpunkt, zu jeder Sekunde sinnvoll, und zwar im wörtlichen Sinne: Voller Sinne – sehen, hören, riechen, schme-cken und fühlen. Die Welt ist gegenständlich (konkretistisch) und besteht aus Personen und aus Gegenständen. Die Erziehung von Kindern sollte in erster Linie so ausgerichtet sein, dass sie ihre eigenen Stärken nutzen und Anleitungen bekommen, die Dinge selbst zu tun. Die Hebammenkunst der Erziehung besteht darin, die individuellen Fähigkeiten und Fertigkeiten eines Kindes zu erkennen, sie zu fördern und dem Kind letztlich dabei zu helfen, seine Ideen und Fantasien auf die Welt zu bringen. Ein anderer Begriff für Eltern könnte so lauten: Lebenslerngelegenheitenermöglicher.

Zu jedem Zeitpunkt der kindlichen Entwicklung beschäftigt sich das Kind mit alterstypischen Themen und Problemen. Darüber hinaus suchen sich Kinder sogenannte Übergangsobjekte, die ihnen den Schritt von einer Entwick-lungsstufe zur nächsten erleichtern. Das können Pullover, Lieblingshosen, Schnüffeltücher oder andere Talismänner sein. Zunächst tun Eltern alles Mögliche, damit ihre Kinder laufen lernen, nur um sie kurz danach aufzufor-dern, still zu sitzen. Dann sollen sie sprechen lernen, um kurz danach zu hören, still zu sein und den Mund zu halten. Wie soll ein Kind diese Dop-pelbotschaften verstehen? Wenn ein Kind etwas nicht versteht, kann es unbewusst Schuldgefühle entwickeln, weil es glaubt, die Ursache für das Ereignis zu sein.

Kinderseelen sind sehr zerbrechlich

Wenn Kinder extrem emotionalem Stress ausgesetzt sind, verfügen sie, je nach Alter, noch nicht über ausreichende Schutzfunktionen und haben zu wenige Ressourcen zur Bewältigung der außergewöhnlichen Erfahrungen. Bis zum Alter von etwa 10 Jahren existiert die Welt der Kinder nur aus Personen und Gegenständen. Ihre Welt besteht aus den Eltern, unter deren Schutz sie stehen, und aus lauter unbekannten Dingen, die es zu erforschen gilt. Kinder werden vom Zeitpunkt der Geburt beeindruckt, d. h., sie nehmen ihre Umwelt auf, und zwar zunächst nur über körperliche Sinneseindrücke und über die Augen. Und alles, was Kinder aufnehmen, drücken sie früher oder später wieder aus. Das ist ganz normal: Sie spielen eine Situation nach, sie malen, sie basteln oder sie erzählen, oft vermischt mit eigenen Fantasien, Wünschen und Ängsten. Kinder sind das, was sie spielen. Da gibt es keine Grenze. Spielen ist Leben. Chaos auch. Kinder brauchen Chaos, um darin zu gedeihen.

Kinder wollen ausprobieren, jeden Augenblick. „Wie weit kann ich gehen", ist ein spannendes Experiment für Kinder. „Welche Reaktionen löse ich aus" ist noch viel spannender. Kinder trotzen, provozieren und reagieren nicht, wie Erwachsene es wollen.

Wie kann man Kindern helfen, die emotional sehr belastet sind oder sogar ein traumatisches Erlebnis hatten? Für Kinder und Kinder von Traumatisierten gelten im Prinzip die gleichen Grundsätze der Hilfe wie für Erwachsene. Das bedeutet aber nicht, sie wie kleine Erwachsene zu behandeln. Das wäre völlig falsch! Kinder verfügen noch nicht über ausreichende innerpsychische Ressourcen. Hilfen müssen kindgerecht umgesetzt werden, d. h. altersgerecht, klar, konkret, vorstellbar, kontrollierbar und greifbar.

 MERKE
Die drei großen Z

Kinder brauchen vor allem die drei großen Z:
1. Zeit
2. Zuwendung
3. Zärtlichkeit

Dabei ist es besonders wichtig, darauf zu achten, ob ein Kind gerade ein Verhalten an den Tag legt, das zwar auffällig ist gegenüber seinen sonstigen Verhaltensweisen und dadurch auf eine momentan stattfindende Entwicklungsphase hindeutet, oder ob das beobachtbare Verhalten möglicherweise Ausdruck einer akuten Überforderung durch ein belastendes Ereignis darstellt. Kinder entwickeln sich sehr schnell. Und der Übergang von einer Entwicklungsstufe zur nächsten dauert in seinen kritischen Zeiten maximal drei Monate. In dieser Zeit erfolgen bestimmte Anpassungsreaktionen, d. h., das Kind muss sich mit der neuen Situation auch erst mal zurecht finden.

INFORMATIONEN

Als Faustregel kann gelten, dass alles das, was an außergewöhnlichem Verhalten bei einem Kind zu beobachten ist, dann intensiver beobachtet werden sollte, wenn es deutlich länger als drei Monate dauert.

In diesem Fall ist es hilfreich, wenn sich betroffene Eltern den Rat eines Experten, z. B. eines Kinder- und Jugendlichenpsychotherapeuten, hinzuholen. Zuvor sollten Eltern jedoch immer erst mit dem Kinderarzt sprechen, um eine medizinische Ursache auszuschließen. Kinder sind voller Überraschungen. Und das gilt auch für ihre Reaktionen und ihr Verarbeitungsverhalten von extrem belastenden Ereignissen, Grenzverletzungen und Erlebnissen, die weit außerhalb der kindlichen Erlebnis- und Vorstellungswelten liegen.

Wenn wir von Kindern sprechen, meinen wir die Altersgruppe der etwa Ein- bis Zehnjährigen (für Kinder über 10 Jahre und für Jugendliche gelten die altersgerecht umgesetzten Grundsätze der Intervention und Hilfe für Erwachsene). Verarbeitung bei Kindern erfolgt nicht geradlinig, sondern sprunghaft. Sie gleicht einer rhythmischen Verarbeitung, gekoppelt an entwicklungstypische Aktivitäten. Das bedeutet, ähnlich wie bei Ebbe und Flut, auch eine zeitweilige Abnahme oder Zunahme der Symptomatik, je nach Entwicklungszeit (Prinzip der normalen Auflösung von Traumareaktionen).

Wichtig dabei ist Folgendes:

- Diese Verarbeitungsrhythmen verlaufen wesentlich langsamer als gewohnt,
- die Verarbeitungsrhythmen sind willentlich nicht steuerbar und entziehen sich einer Kontrolle,
- Verarbeitungsrhythmen können nur beobachtet und berücksichtigt werden,
- Verarbeitungsrhythmen können nicht bewertet, manipuliert, beschleunigt oder verändert werden,
- Verarbeitungsrhythmen erfüllen ihre Aufgabe und heilen,
- Heilung erkennt man bei Kindern daran, dass sich ihre Aufmerksamkeit wieder der Außenwelt zuwendet.

Kinder brauchen Zeit, um Reaktionszyklen zum Abschluss zu bringen; geachtet werden sollte dabei auf sogenannte Abschlusssignale wie

- tiefe Atemzüge,
- schwere Seufzer,
- Herstellen oder Unterbrechen von Blickkontakt,
- Lächeln,
- sich strecken.

Abschlusssignale bedeuten aber nicht den Abschluss des Erholungsprozesses! Traumata lassen sich nicht verhindern, können aber geheilt werden. Ein Trauma ist ein unterbrochener Prozess, dem das natürliche Bestreben innewohnt, zum Abschluss gebracht zu werden. Dieser Mechanismus ist bei Kindern stark ausgeprägt. Kinder lassen sich von Natur aus nicht drängen und benötigen für die Verarbeitung sehr viel Zeit. Kinder lernen Verarbeitung. Das ist für Kinder nicht schwer, nur anders als alles andere, was sie zuvor gelernt haben. Am stärksten lernen Kinder über körperliche Reaktionen und nicht über Denken oder Kognitionen; für Kinder ist wichtig, wie sich Dinge anfühlen und wie ihr Körper darauf reagiert. Das Wahrnehmen von Bewältigungsmechanismen hängt sehr eng mit dem Wahrnehmen der eigenen Empfindungen zusammen (innere Felsen können zu einer warmen Flüssigkeit schmelzen). Hilfreich ist es, Kindern das Gefühl zu vermitteln, dass Körper- und Gefühlsreaktionen wie Weinen, Zittern, Schütteln, Wut,

Angst, Scham, Schuld, Verwirrung, Zweifel, Traurigkeit, Schreien, sich Verstecken usw. und manchmal auch stark verlangsamte Bewegungen oder überbordende Reaktionen normale und vor allem gesunde Reaktionen sind, vor denen es sich nicht schämen muss.

Der Verarbeitungsprozess bei Kindern ist durch eine Reihe von bemerkenswerten Besonderheiten gekennzeichnet, deren Kenntnis den Umgang mit Kindern erleichtern kann:

- *Kinder sind Symptomträger.* Das gilt sowohl für traumatisierte Kinder als auch für Kinder von traumatisierten Eltern. In beiden Fällen können Kinder die empfundenen Erlebnisinhalte in ihren Symptomen widerspiegeln. Während traumatisierte Kinder in der Zeit nach dem Trauma sehr stark auf die Unterstützung ihrer Eltern angewiesen sind und diese äußerst hilfreich den natürlichen Verarbeitungsprozess unterstützen können, fällt diese Ressource bei Kindern von traumatisierten Eltern völlig weg. Diese Kinder benötigen in den meisten Fällen die Hilfe und Unterstützung externer Dritter oder von Vertrauenspersonen aus dem familiären oder sozialen Umfeld, und dies für lange Zeit. Die Symptome bei Kindern entstehen in erster Linie durch eine gefühlsmäßige Verschmelzung mit der traumatischen Situation. Die kindlichen Gefühle sind unmittelbar mit der erlebten Situation verknüpft und können ohne diese auch nicht wahrgenommen werden. „Das Gefühl wahrnehmen" bedeutet in diesen Fällen, die Situation zu rekonstruieren. Jedes kindliche Spiel nach dem Trauma kann eine gefühlsmäßige Rekonstruktion der traumatischen Erlebnisinhalte sein und auf allen dem Kind zugänglichen Informationen, einschließlich der körperlichen Empfindungen, beruhen. Kinder orientieren sich an der Welt und reagieren auf deren Zeichen. Symptome der Kinder sind immer als Signale und Beziehungsangebote an die Lebensumwelt zu sehen und nicht wie bei Erwachsenen der Versuch, ein Trauma unter Kontrolle zu bringen, oder gar schon Anzeichen für eine Belastungsreaktion.

- *Kinder zeigen häufig den sogenannten Rantanplan-Effekt.* Dieser beschreibt bei Kindern die verzögerte traumatische Reaktion. Diese kann in dreifacher Weise wirksam werden:
  _ als verlangsamte,
  _ als verzögerte,
  _ oder als verborgene traumatische Reaktion.

Die verzögerte traumatische Reaktion kann sich über einen Zeitraum von 6 Wochen bis zu 21 Monaten nach der traumatischen Situation erstrecken. Die Bezeichnung Rantanplan-Effekt leitet sich ab von Rantanplan – dem Hund der Comic Figur Lucky Luke. Das besondere an Rantanplan ist, dass er, was immer auch passiert, zunächst erstmal überhaupt gar keine Reaktion zeigt. Egal, ob sein Herrchen ihn ruft oder er von einer Postkutsche überrollt wird. Rantanplan bleibt immer ruhig liegen und bewegt sich nicht. Dann aber, Stunden oder auch mal Tage später, springt er wie von der Tarantel gestochen in die Höhe, jault, schreit, rennt zu seinem Herrn, der überhaupt nicht weiß, warum er jetzt kommt, wo er ihn doch gar nicht gerufen hatte. Ähnliches Verhalten kann man in abgeschwächter Form in vielen Fällen auch bei Kindern nach traumatischen Ereignissen beobachten. Sie zeigen zunächst auch erst keine Reaktion, weil sie keine Schwächen zeigen wollen, aber dennoch ein Gefühl in sich tragen, das dann später, wenn man möglicherweise gar nicht damit rechnet, zum Ausdruck gebracht wird. Weil dann aber für die Erwachsenen oft der konkrete Bezug zum auslösenden Gefühl nicht erkennbar ist, können sie möglicherweise falsch oder unangemessen reagieren.

- *Kinder sind Künstler im Verbergen von traumatischen Reaktionen und Verschlüsseln von typischen Trauma-Anzeichen,* vor allem, wenn sie glauben, ihre Eltern oder wichtige Bezugspersonen würden sich darüber freuen, wenn sie tapfer oder stolz sind. Kinder leugnen und vermeiden Ängste, indem sie ihre Stärken zeigen wollen und nicht ihre Schwächen.
- *Kinder spielen eigentlich immer.* Oft sind es Erlebnisspiele, Rollenspiele, Fantasiespiele; nach außergewöhnlichen Erlebnissen können es sehr oft auch lösungsorientierte Wiederholungsspiele sein, die das traumatische Erlebnis zum Inhalt haben; das Spielen hilft

beim Suchen von Lösungen und unterstützt den kindlichen Verarbeitungsprozess. Daher sollte das Spiel eine zentrale Rolle in der Arbeit mit traumatisierten Kindern einnehmen. Das Spielen traumatisierter Kinder kann unterschiedliche Ziele verfolgen und daher unterschiedliche Aspekte zum Inhalt haben. Traumatisierte Erwachsene wiederholen häufig Ereignisse, die in irgendeiner Hinsicht das ursprüngliche Trauma repräsentieren. Ähnlich lassen auch Kinder traumatische Erlebnisse in ihrem Spiel wiederaufleben. Bei diesem, das Trauma wiederholenden Spiel, werden die Kinder von Gefühlen angetrieben, die sie mit dem ursprünglichen traumatischen Ereignis in Verbindung bringen.

- *Kinder suchen Lösungen im traumatischen Spiel.* Wie Kinder eine extrem belastende Situation erlebt haben, müssen sie nicht unbedingt über ihre Sprache erklären, sondern können ihre Sicht der Dinge vielfach durch traumatische Spiele zum Ausdruck bringen. Es sind viele Wiederholungen zu beobachten und immer wieder brechen die Kinder das Spiel ab, genau an dem Punkt, wo z. B. ihre Angst in Form von Bauchschmerzen auftritt. Möglicherweise wird ein Kind immer wieder zu demselben Spiel zurückkehren und es immer ein bisschen weiter spielen oder an der entscheidenden Stelle ein wenig verändern. Kinder suchen darin nach Lösungen und verschaffen sich Kontrolle über die traumatisierende Situation. Das traumatische Spiel ist aber auf keinen Fall ein Wunder- oder Allheilmittel. Auch darf es nicht zu einer Konfrontationsbehandlung geraten. Das traumatische Spiel kann bei einigen Kindern sehr langsam seine Belastung verringern. Bei einigen Kindern gelingt es aber auch nicht. In anderen Fällen ist zu beobachten, dass Kinder das traumatische Spiel wie unter Zwang wiederholen, ohne dass eine Besserung der Situation eintritt. In diesen Fällen kann das traumatische Spiel die Traumasymptome auch verstärken und retraumatisierend wirken. Traumatisches Spiel ist nicht gleichzusetzen mit Traumabearbeitung. Es kann die Verarbeitung erleichtern und unterstützen. Dabei sollte das Kind auf keinen Fall gedrängt, sondern ihm selbst die Geschwindigkeit des Spiels überlassen werden. Außerdem muss das traumatische Spiel angstfrei verlaufen. Hat ein Kind Angst beim Spiel oder erstarrt es sogar darin, dient das nicht der Bewältigung des Traumas. Kinder benötigen Kontrolle über ihre Handlungen. Verlieren sie die Kontrolle, flüchten sie, verstummen oder können aggressiv werden. Aktive Flucht ist eine positiv anregende Reaktion in einer belastenden Situation.

Angstfrei ist ein Kind immer dann, wenn es strahlend grinst, in die Hände klatscht oder herzhaft lacht. Je langsamer die Bearbeitung und Verarbeitung eines Traumas erfolgt, umso besser. Eine Traumabearbeitung ist immer dann zu beobachten, wenn es im traumatischen Spiel zu kleinen Reaktions- oder Verhaltensänderungen des Kindes kommt. Erwachsene, die selbst unter unaufgelösten Traumata leiden, können ihren eigenen Kindern oft selbst nicht effektiv helfen, da sie selbst nicht selten sehr ungeduldig werden. Unaufgelöste Traumata können unter Umständen auf die Kinder übertragen werden. Traumatisierte Eltern sollten in solchen Fällen andere stabile Persönlichkeiten bitten, den Kindern zu helfen. Wenn Eltern nach Erkennen von traumatischen Reaktionen keine deutlichen Verhaltensänderungen beobachten können und sich die Grundstimmung des Kindes nicht einer freudigen und natürlichen Haltung nähert, sollten sie qualifizierte Expertenhilfe zu Rate ziehen.

Hilfe bei Kindern ist eine sehr komplexe Thematik, bei der neben den Eltern und Kinderärzten auch Lehrer und Kinder- und Jugendlichenpsychotherapeuten mit einbezogen werden sollten. In der Hilfe bei Kindern sollten Eltern und Helfer ihre eigenen Ängste nicht zeigen, da die Gefahr der Verunsicherung und Überforderung gefördert wird; besonders sensibel reagieren die kindlichen Frühwarnsysteme auf die Gefühle der eigenen Eltern. Die Eltern sind die Welt des Kindes und wenn die nicht mehr sicher ist, wie sollen es dann die Kinder sein? Kinder brauchen immer volle Aufmerksamkeit. Bei Hilfe für Kinder sollte daher Folgendes beachtet werden:

_ Kinder möglichst schnell in Sicherheit bringen,
_ Eltern, Lehrer und Bezugspersonen miteinbeziehen,
_ so lange warten, bis die Kinder sich beruhigt haben,
_ den Kindern möglichst viel im Voraus erklären,
_ wiederholen, wiederholen, wiederholen,
_ Reden ist in diesem Fall Gold und Schweigen leider nur Silber,

_ Hilfen bei Kindern sollten auch dort deren Stärken nutzen und
ihnen Anleitungen geben, möglichst viel selbst zu tun,
_ Eltern oder andere Helfer sollten Ruhe und Kompetenz zeigen
und sich nicht durch Beziehungstests (werde ich geliebt oder
kann ich wirklich vertrauen) verunsichern lassen.

Kinder verarbeiten Traumata häufig in Geschichten und Bildern

© Liane Metzler

Man braucht keine Angst zu haben, schlafende Hunde zu wecken. Daher
sollten immer die Gefühle der Kinder angesprochen werden. Hilfreich und
unterstützend können hier Kuscheltiere oder andere kleine Spielsachen sein.
Ebenso wichtig ist auch eine für das Kind verstehbare Klarheit und Wahrheit.
Kindern sollten so viele Informationen wie möglich gegeben werden und sie
sollten von Schuldgefühlen entlastet werden, indem Sie ihm z. B. immer
wieder sagen: „Du hast nichts verkehrt gemacht." Kinder müssen sehr
schnell beruhigt werden, auch wenn sie älter sind. Kinder auf den Arm
nehmen, tragen, Körperkontakt (ohne die Bewegungsfreiheit des Kindes
einzuschränken) und sanfte Berührungen helfen zum Beispiel dabei, das
Kind schneller zu beruhigen. Die Symptome der Kinder sollten in Form von
Bildern erfragt werden: Was hat diese Angst für einen Namen, wie sieht sie

aus? Die Sprache sollte bildhaft sein (wie fühlt sich der Schmerz an? Wie eine Beule, eine dunkle Wolke, eine Schramme, wie ein Angstmännchen...?) etc. Symptome sollten verwandelt werden in Farben, Gegenstände, Töne usw. Aber das Ereignis sollte nicht direkt angesprochen werden: Besser ist es, Geschichten zu erzählen, Märchen vorzulesen, das Kind malen zu lassen, basteln oder wozu es gerade Lust hat. Kinder sollen ruhig weinen und wenn sie die Eltern rufen, sollten die Eltern immer(!) hingehen. Kommen die Eltern nicht, lernt das Kind nur, dass es mit seinem Problem alleine bleibt, egal, wie sehr es sich um Zuwendung bemüht. Die Heilfähigkeit des Kindes wird durch starke Zuwendung gefördert.

Einem Kind sollte man nicht zu früh eigene Lösungsvorschläge anbieten. Wenn sich ein Kind wieder für seine Umwelt interessiert, dann beginnt es, sich neu zu orientieren. Wenn das Kind sich beruhigt hat, sollten sich Eltern sehr viel Zeit nehmen, um dem Kind Geschichten zu erzählen, Rollenspiele zu machen, Fingerpuppen zu spielen etc., die das Ereignis zum Inhalt haben: Kinder können möglicherweise Scham, Schuld, Angst, Trauer, Verwirrung, Wut usw. empfunden haben. Wenn die Eltern sich selbst öffnen und dem Kind erzählen, dass sie auch schon mal etwas ähnliches erlebt oder gefühlt haben, rückt das, was das Kind empfindet, in die Nähe der Realität. Kinder sollten hören, dass es völlig normal ist, in einer solchen Situation so zu empfinden und zu reagieren. Zuversicht und Hoffnung vermitteln klare Strukturen. Hilfreiche Wesen wie *Stella und Tom* (Christina Lüdke, Heidelberg 2018) oder *Der Kleine Tiger und der Kleine Bär* von Janosch, *Biene Maja und Willi* etc., bieten einen wichtigen Orientierungspunkt. Eltern sollten nicht permanent darüber nachdenken, ob sie alles richtig machen. Kinder sind Gefühlsmenschen und nehmen das auf, was ihnen guttut. Heilung hängt eng zusammen mit dem Wahrnehmen von Gefühlen. Heilung ist ein langsamer Prozess, der langsamer verläuft, als Menschen es sich oft wünschen. Wie fühlt sich etwas an? Wie reagiert etwas? Wie verändert sich etwas? Kinder entscheiden selbst das Tempo.

Eltern und Helfer sollten kleine und sichere Schritte mit dem Kind gehen. Und man braucht viel Geduld mit den Kindern! Kinder müssen sich zwischendurch ausruhen können und dürfen sich auch mal langweilen. Langeweile ist eine Phase der kreativen Indifferenz, d. h., Kinder müssen sich ab und zu langweilen, um auf neue Ideen und Lösungen zu kommen. Kinder benötigen klare Informationen und eine verständliche Sprache. Erklärungen müssen altersgerecht sein. Dem Kind sollte die Wahrheit gesagt werden, nichts als die Wahrheit, aber niemals die ganze Wahrheit. Auch Gefühle des Kindes können angesprochen werden. Kinder brauchen Eltern und Bezugspersonen als Garanten für Sicherheit. Nach den unvorstellbaren Terroranschlägen in New York war z. B. besonders bemerkenswert, dass unmittelbar nach dem Anschlag und in den Folgetagen eine der am häufigsten zu beobachtenden Erstreaktionen bei Kindern und Jugendlichen folgende war: Sie machten sich auf den Weg zu den Eltern oder Großeltern, um sich dort in die Betten zu setzen, darin zu schlafen oder ihre Hausaufgaben zu machen oder fern zu sehen. Selbst wenn die Eltern oder Großeltern nicht zu Hause waren, verbrachten sie dort Stunden und manchmal sogar Tage. Offensichtlich haben die Kinder und Jugendlichen die Betten mit einer Art sicherem Ort in Verbindung gebracht. Außerdem war zu beobachten, dass Jugendliche im Alter zwischen 14 bis 17 Jahren nach den Terrorattacken plötzlich zu dauerhaften Zeitungslesern geworden sind, obwohl sie vorher nie eine Zeitung angefasst, geschweige denn gelesen haben.

Zwei der wichtigsten Verhaltensauffälligkeiten bei hochbelasteten Kindern sind folgende:

- Wenn Kinder dauerhaft und offen aggressiv werden (über Sprache oder Handlungen) oder autoaggressive Reaktionen mit selbstverletzenden Tendenzen zeigen,
- wenn Kinder plötzlich verstummen und sich nicht mehr mitteilen (Ruhe vor dem Sturm).

Weitere Symptome unbewusster Spannungsabfuhr und traumatischer Reaktionen bei Kindern können sein:

- Nächtliches Zähneknirschen,
- Rückfall in frühkindlichere Verhaltensweisen, z. B. Bettnässen, Daumenlutschen,
- Knibbeln, Fingernägelkauen, Haare raufen, Kratzen,
- zwanghafte Handlungen, wie z. B. wiederholtes Schlagen einer Puppe mit einem Spielzeugauto, können exakte Wiederholung des Traumas sein,

- Ticks,
- hartnäckige Kontrolle von Vorgängen,
- Hyperaktivität und starke motorische Unruhe,
- Schreckhaftigkeit,
- Um sich schlagen im Schlaf,
- wiederholtes nächtliches Aufschrecken, Alpträume,
- Konzentrationsstörungen in der Schule, Vergesslichkeit,
- Streitsucht oder Scheu, überstarke Zurückgezogenheit oder Ängstlichkeit,
- starke Anhänglichkeit,
- Kopfschmerzen, Magenschmerzen oder andere Beschwerden ohne bekannten Ursprung.

Kinder verarbeiten emotionalen Stress und Trauma oft sehr kreativ: In Geschichten, in Spielen oder in Bildern können sie ihren Gefühlen und Erlebnissen eine Gestalt geben und diese dann nach ihren Wünschen und Vorstellungen verändern und Lösungsfantasien darin entwickeln.

12   Vergeben und Verzeihen

Wer anderen Menschen verzeihen kann lässt das, was geschehen ist, gut sein. Wer verzeihen kann, macht andere nicht länger für das eigene Leid verantwortlich und ist nicht weiter auf Rache oder juristische Genugtuung aus. Wer vergeben und verzeihen kann, entwickelt eine positive Perspektive, um wieder zu heilen und gesund zu werden.

> **»** Vergeben und Verzeihen heißt, auf Rache zu verzichten
>
> *Unbekannt*

Viele Menschen, die nicht vergeben und verzeihen können, erleiden Erkrankungen oder landen am Ende in einem Altersekel. Verzeihen heißt nicht, dass man das Geschehene verstehen muss. Verstehen ist ohnehin nur ein Trostpreis im Leben. Wenn ich etwas verstehe, macht es das Geschehene und erlebte Leid dadurch nicht besser. Daher ist es nicht erforderlich, alles verstehen zu müssen. Wer verzeiht, handelt weder gerecht noch logisch. Es ist vielmehr der Verzicht auf Vergeltung und der Verzicht auf Wiedergutmachung. Wer verzeiht, legt den Finger nicht immer wieder in die Wunde und zeigt darauf. Christen kennen für dieses Problem das Ritual der Beichte. Durch die Absolution wird der Täter von der Schuld gelöst. Die Schuld des Täters bleibt weiterhin bestehen, es wird lediglich darauf verzichtet, sie zu begleichen. Wer vergibt, erwartet keine Gegenleistung mehr, wodurch das Vergeben zu einer Art Geschenk wird. Der Unterschied zwischen Vergeben und Verzeihen liegt möglicherweise auch hier in einer unterschiedlichen Perspektive. Verzeihen wird häufiger im Alltag benutzt, während Vergebung eher an eine göttliche Macht denken lässt.

DEFINITION

Verzeihen heißt laut Duden vom Wortursprung her: „Verschuldetes nicht anrechnen und Verzicht auf Vergeltung"

Duden: Das Herkunftswörterbuch, Mannheim/Wien/Zürich, 1989, Band 7, S. 825 f.

Die Kraft des Verzeihens ist enorm. Dem Exmann vergeben, der betrogen hat oder der Schwester, die einen immer wieder klein gemacht hat, die Mutter, die sich nie gekümmert hat... all das fällt nicht leicht. Doch wir können Ihnen immer wieder nur versichern, dass sich die Mühe lohnt. Denn wer vergibt, der lässt die Kränkungen hinter sich und erlebt eine neue Freiheit. *Wer verzeihen kann, wird stärker.*

Verzeihen ist ein ganz entscheidender Schlüssel im menschlichen Verhalten und eines der wichtigsten Instrumente der Seelenpflege, das wir haben. Ein Mittel, um uns das Leben wieder leichter zu machen und nachweislich gesünder zu leben. Ein Mensch, der verzeihen kann, macht deutlich, dass es nicht um den Täter geht, sondern ausschließlich um die eigene Person. Anderen Menschen zu verzeihen führt zu einer größeren persönlichen Freiheit und der Fähigkeit, das eigene Leben noch aktiver zu gestalten. Man tritt dadurch aus der Opferrolle heraus. Wer gekränkt, gedemütigt, erniedrigt, verletzt, belogen oder beleidigt wurde, leidet schließlich gleich vielfach. Die dadurch ausgelösten negativen Gefühle wie Wut, Frustration oder Traurigkeit und häufig auch Scham sind nur einige der wichtigsten belastenden Nebenwirkungen. Alles zusammen führt am Ende dazu, dass ein Mensch körperlich und mental vollkommen erschöpfen kann, weil er immer und immer wieder und ständig darüber nachdenkt, wie sehr er oder sie doch vom Schicksal benachteiligt wurde, und wie ungerecht das Leben doch war. Das ist eine emotionale Mehrfachbelastung, die viele Menschen in krisenhafte Sackgassen führt in der unser Körper aufgrund seiner genetisch bedingten Schutzmechanismen oft nur zwei Wege kennt, um dann wieder herauszukommen: Flucht oder Kampf, Rückzug oder Rache.

> » Was mich nicht umbringt,
> macht mich stärker
>
> *Friedrich Nietzsche*

Aber beide schaffen im Grunde genommen nur einen ganz kurzen Augenblick der Befriedigung, wirken aber langfristig wenig. Wer ständig im Alltag darüber nachdenkt, wie er sich für das erlittene Unrecht rächen könnte, verbraucht damit sehr viel Lebenszeit und Lebensenergie, die ihm am Ende zu einem glücklichen und zufriedenen Leben fehlt. Unser Gehirn macht aus allem, was wir erleben, am Ende immer reine Biochemie. Wer über Rache nachdenkt oder versucht, das erlittene Unrecht zu verdrängen, steht lange unter Stress, wodurch auch das Gehirn die bekannten Stresshormone ausschüttet, die am Ende eine Reihe von negativen Symptomen und Körperreaktionen hervorrufen können. Wir können aber nicht vor unseren Gefühlen davonlaufen. Wer das versucht, wird erleben, dass diese Erinnerungen sich immer wieder ins Gedächtnis drängen. Oft reagiert der Körper mit Bauch- und Rückenschmerzen. Verzeihen heißt nicht vergessen. Verzeihen heißt vielmehr den Groll, Angst und Trauer loszulassen.

Wer verzeihen kann, ist in der Lage, das geschehene Unrecht nicht nur zu verarbeiten, sondern es auch loszulassen und dadurch am Ende in sein Leben zu integrieren. Das bedeutet, dass die erlittenen Verletzungen zum Leben gehören wie eine Narbe, die man durch eine Schnittverletzung erlitten hat. Wer verletzt oder gekränkt wurde, gerät aus dem Gleichgewicht. Die Kontrolle und Ordnung im Leben wiederherzustellen bedeutet aber nicht, die offenen Rechnungen zu begleichen und Rache zu üben, sondern das Gleichgewicht in der eigenen Seele wiederherzustellen. Vergebung ist kein Friedensangebot an andere, sondern ausschließlich ein Angebot an Sie selbst, um das eigene innere Gleichgewicht und den eigenen Inneren Seelenfrieden wiederzuerlangen. Wer aufhört zu grübeln, in Gedanken wütend oder tatsächlich traurig zu sein und von Rachegelüsten Abstand nimmt, entscheidet sich für eine neue Form der Freiheit. Eine neue Form der Freiheit bedeutet, einem anderen Menschen zu verzeihen, obwohl er derjenige gewesen ist, der mich so sehr verletzt hat. Das Ziel von verzeihen und vergeben ist, einen Strich unter das Geschehene zu ziehen – und zwar nur für sich selbst. Wer anderen Menschen vergeben und verzeihen möchte, muss es ihnen nicht mitteilen.

Verzeihen ist eine Entscheidung zur Selbstheilung

© Liane Metzler

Verzeihen ist am Anfang nichts anderes als eine mentale Bewältigung eines in der Vergangenheit erlebten schmerzlichen Ereignisses. Durch dieses schmerzliche Ereignis konnten in der Vergangenheit zunächst unterschiedliche Gefühle wie Enttäuschung, Wut, Ärger, Verletzung oder andere seelische Schmerzen ausgelöst werden. Wer verzeiht wird wieder handlungsfähig und gewinnt dadurch wieder ein Stück mehr Kontrolle über das alltägliche Leben. Dadurch kann man sein Schicksal, oder den Lauf der Dinge eben doch, vielleicht unbewusst und ungewollt, ein wenig mitbeeinflussen. Dadurch ist es möglich, für sich selbst neue Perspektiven und oft völlig neue Wege zu entdecken. Nicht die negativen Gefühle bestimmen die Richtung des eigenen Lebens, sondern man nimmt das Steuer selbst wieder in die Hand. Man ist wieder selbst verantwortlich für das eigene Wohlbefinden und fühlt sich wieder mächtig, statt ohnmächtig. Außerdem macht es stärker und man ist auf zukünftige Kränkungen besser vorbereitet. Verzeihen wirkt nämlich sehr beruhigend auf Körper, Seele und Geist.

INFORMATIONEN

Stress bewirkt bei uns Menschen, dass in unserem Körper ständig das Stresshormon Cortisol ausgeschüttet wird, welches das Immunsystem schwächt und den Körper anfälliger für Tumor- und Stoffwechselerkrankungen macht. Verzeihen verleiht keine Flügel aber dafür Macht. Wenn Sie mal ein Mensch um Verzeihung bittet, ist alleine diese Tatsache schon Balsam für die eigenen Wunden.

Allerdings sollten Sie sich beim Verzeihen sehr viel Zeit lassen. Wer sich zu früh oder entgegen seiner eigenen Gefühle versöhnlich zeigt, bei dem besteht das Risiko, dass die Kränkung auf der Seele sitzenbleibt.

Weil wir Sie immer wieder einladen, neue und überraschende Perspektiven zu entdecken, möchten wir Sie auch noch einmal daran erinnern, dass Sie nicht nur anderen Menschen vergeben und verzeihen dürfen, sondern auch sich selbst. Das ist manchmal sogar noch etwas schwieriger, weil wir dabei mit eigenen unangenehmen Gefühlen in Kontakt kommen. Wer sich selbst verzeiht, gesteht sich ein, was er getan hat und akzeptiert es auch und ist dadurch in der Lage, eigene Schuld und die damit verbundenen Gewissensbisse loszulassen. Einfacher ausgedrückt, hat es etwas damit zu tun, sich selbst so zu lieben, dass man nicht von eigenen Schuldgefühlen aufgefressen wird und unter Selbstvorwürfen leidet. Schuldgefühle und Gewissensbisse bringen uns im Leben nicht weiter. Wichtiger ist dagegen die Frage: „Was könnte ich zukünftig an meinem eigenen Verhalten ändern?"

Um eine Idee zu bekommen, wie es vielleicht leichter fällt, den Entschluss zu fassen, einem anderen Menschen zu vergeben und zu verzeihen, möchten wir Ihnen eine kurze Geschichte erzählen:

Kleine, feine Anekdote

Es war mal eine junge Frau, die von einer anderen Person angerempelt wurde. Die Frau wurde so stark gestoßen, dass sie dadurch zu Boden stürzte. Dabei hat sie sich sehr wehgetan und verletzt. Die Hände waren aufgeschürft, die Beine und die Knie bluteten. Am Boden liegend spürte die Frau den Schmerz und die Ohnmacht und alles tat weh. Unter dem Schmerz spürte die junge Frau aber auch die Wut und die Trauer und die quälende Frage, warum sie diese Person nur so heftig angerempelt hat?

Die junge Frau sammelte alle ihre Kräfte, um sich wieder aufzurichten und vor die Person, von der sie angerempelt wurde, hinzustellen und ihr mal so richtig die Meinung ins Gesicht zu sagen.

Als die Frau gerade mit ihrer verbalen Rache loslegen will, sieht sie, dass es ein Blinder ist, von dem sie angerempelt wurde. Der Blinde hatte die junge Frau gar nicht gesehen. Und weil er sie nicht sehen konnte, hatte er sie angerempelt und es kam zu dem Sturz und den Schmerzen. Hätte der Blinde die Frau gesehen, wäre es nicht zu den Verletzungen gekommen.

Vielleicht ist es ja ganz ähnlich mit den Menschen, die uns im Leben gekränkt, gedemütigt und verletzt haben. Vielleicht waren manche dieser Menschen auch wie der Blinde und konnten nicht sehen, welche Fähigkeiten und Talente wir haben und was für wundervolle und liebenswerte Menschen wir sind. Hätten sie es gesehen, wäre es möglicherweise nicht zu den Verletzungen gekommen. Und weil sie uns nicht gesehen haben und so verletzt haben, fällt es jetzt vielleicht leichter, dieser „blinden" Person zu vergeben und zu verzeihen.

13   Genießen Sie Ihr Leben!

Es gibt in der Philosophie die drei bekannten Fragen:

- Wo kommen wir her?
- Wo gehen wir hin?
- Wieviel Proviant benötigen wir?

Diese, zugegebenermaßen mit einem Augenzwinkern und einem Lächeln gestellte, letzte Frage führt uns zu einer der grundlegendsten Fragen überhaupt: Was ist der Sinn des Lebens? Hierzu können wir Ihnen auch nur unsere Meinung sagen: Wir sind auf der Welt, um zu leben und nicht, um zu arbeiten! Arbeit ist dazu da, damit wir gut damit und gut davon leben können. Wir gehen arbeiten, um Geld zu verdienen, für unser Haus, für unsere Wohnung, für unser Auto, für den Urlaub und die Dinge des Alltags, die wir zum Leben benötigen. Die wirklich wichtigen Dinge geschehen aber außerhalb der Arbeit. Bitte denken Sie daran, dass *Sie* der wichtigste Mensch in Ihrem Leben sind. Und wenn Sie den Mut haben, das zu tun, was wirklich wichtig ist, für Sie, Ihre Gesundheit und Ihr persönliches Glück, kommen Sie sich selbst und Ihren persönlichen Zielen von Tag zu Tag immer ein Stückchen näher. Wie Sie das erreichen können? Vielleicht können Ihnen die nachfolgenden fünf Punkte Ideen und Anregungen dafür geben:

1. Haben Sie den Mut, sich treu zu bleiben, statt so zu leben, wie andere es von Ihnen erwarten

Seien Sie Sie selbst und die richtigen und wirklich wichtigen Menschen werden Sie lieben. Sie müssen sich nicht ständig rechtfertigen. Vor Ihrer Familie und Ihren Freunden müssen Sie das ohnehin nicht – und Gegner und Menschen, die Sie nicht mögen, hören sowieso nicht hin. Haben Sie keine Angst davor, Fehler zu machen. Fehler machen ist produktiver, als gar nichts zu machen. Wichtig ist, aus Fehlern zu lernen. Dann gibt es keine Fehler mehr, sondern nur noch viele Lerngelegenheiten. Gewinnen kann jeder, aber erst das Verlieren und die Niederlagen ermöglichen unseren Erfolg!

2. Arbeiten Sie nicht so viel und nehmen Sie sich Zeit für die schönen Dinge des Lebens

Dinge, die wir uns wünschen, sind meist viel zu teuer. Was wir wirklich im Leben brauchen, ist mit Geld eh nicht zu kaufen: Glück, Freunde, Liebe, Lachen, Leidenschaft. Und der richtige Zeitpunkt, um eine Pause zu machen, ist der, in dem Sie denken, am wenigsten Zeit dafür zu haben. Versinken Sie nicht in Selbstmitleid. Schwierige Zeiten im Leben sind selbstverständlich. Höhen und Tiefen gehören genauso zum Leben wie Ebbe und Flut oder Tag und Nacht. Hören Sie auf, zu meckern und zu jammern. Leben Sie jetzt. Morgen existiert noch nicht!

3. Haben Sie den Mut, Ihren Gefühlen Ausdruck zu verleihen

Gefühle sind immer richtig. Es gibt keine falschen Gefühle. Nehmen Sie Ihre Gefühle nach Möglichkeit im Zeitpunkt ihrer Entstehung wahr, benennen Sie sie und drücken Sie sie der Situation entsprechend aus. Zur Erinnerung: Gefühl ist alles, was „explodiert": Freude, Trauer, Wut, Ärger, Orgasmus und Staunen.

4. Halten Sie den Kontakt zu Ihrer Familie und Ihren Freunden

Beziehungen verändern sich. Es kann auch schon mal zu Streit und Zerwürfnissen kommen. Vergeben und verzeihen Sie und schauen Sie nach denen, die lange Zeit nach Ihnen gesehen haben. Laufen Sie nicht vor Problemen weg. Suchen Sie eine direkte Lösung, das stärkt auf Dauer nicht nur Ihre Persönlichkeit, sondern auch die Bindung zu Menschen, die zu Ihrer Familie und Ihren Freunden gehören. Begeben Sie sich nicht in falsche Gesellschaft. Das Leben ist zu kurz, um die kostbaren Stunden, die uns geschenkt sind, mit nervigen Personen zu vergeuden.

5. Gönnen Sie sich mehr Freude

Machen Sie sich nicht so viele Sorgen. Fragen Sie sich jetzt einmal, ob die Probleme, die Sie heute haben, in ein paar Jahren noch eine Rolle spielen. Falls nein, dann stellen Sie das Grübeln sofort ein. Seien Sie auch nicht neidisch auf das, was andere haben. Fragen Sie sich lieber „Was habe ich, was andere gern hätten?" Nehmen Sie den Schwierigkeiten mit einem Lächeln die Schwere. Lächeln ist zudem die schönste Art, einem Gegner die Zähne zu zeigen.

> Auf dem Ortsschild der Insel der 100-Jährigen steht:

„Mit 70 bist du ein Kind, mit 80 ein Jugendlicher und mit 90, wenn dich deine Ahnen in den Himmel rufen, bitte sie zu warten, bis du 100 bist."

Wenn es Ihr Ziel ist, sehr alt, gesund und aktiv zu bleiben, dann lohnt es sich in jedem Fall, sich einmal das Okinawa-Programm anzusehen (vgl. Kennedy, J.: Das Okinawa Prinzip. Gesund bleiben, länger leben, München 2009). Die japanische Insel Okinawa wird auch als Insel der der Unsterblichkeit bezeichnet.

Hier finden Sie fünf Tipps für ein gesundes Leben:

Das Geheimnis der vitalen 100-Jährigen:

 TIPP

1. Ernähren Sie sich vitaminreich!
2. Sorgen Sie für ausreichend Bewegung!
3. Hören Sie mit dem Rauchen auf!
4. Mäßigen Sie Ihren Alkoholkonsum!
5. Entspannen Sie sich!

Wenn Sie diese Hinweise berücksichtigen, dann haben Sie gute Chancen, Ihr Leben aktiv um einige wertvolle Jahre zu verlängern. Diese fünf Punkte nur zu wissen reicht allerdings nicht aus. Sie müssen die Punkte auch befolgen und aktiv etwas für Ihr Lebensglück tun. Wir werden ja auch kein Auto, wenn wir uns drei Wochen lang in eine Garage stellen.

Wenn Sie darüber hinaus Ihrem Körper noch etwas Gutes tun wollen, dann können Sie Cardio-Sport betreiben. Das bedeutet, dass Sie zweimal pro Woche Ihre Herzfrequenz für eine halbe Stunde im Rahmen Ihres Trainingspulses trainieren.

Dabei spielt es keine Rolle, durch welche körperliche Aktivität Sie ihre Trainingspulsfrequenz erreichen. Sie können laufen, joggen, Fahrradfahren, Schwimmen oder Treppensteigen etc. Wichtig ist nur, dass Sie Ihren Herzschlag für 30 Minuten in etwa konstant auf Ihrer Trainingspulsfrequenz halten.

Beginnen Sie noch heute damit, Ihr Leben aktiv in die Hand zu nehmen. Dadurch werden Sie sich dann auch entscheiden können, ob Sie Ihr Leben *erlebnis*orientiert oder *ergebnis*orientiert leben wollen. Den Unterschied zwischen erlebnisorientiert und ergebnisorientiert können wir sehr schön von Kindern lernen. Was machen Kinder, wenn sie eine Sandburg gebaut haben? Richtig! Sie machen sie kaputt – und das mit großem Vergnügen. Wenn Erwachsene eine Sandburg bauen, dann fangen sie an, diese Sandburg zu verwalten. Sie bauen ein Zaun darum, sie nehmen Eintritt, oder sie bauen sogar eine zweite Sandburg daneben.

> Vasudeva antwortete: „[...] lausche dem Fluss mit stillem Herzen und mit geöffneter Seele, von ihm kannst Du alles lernen [...] Du kannst auch von ihm lernen, dass es keine Zeit gibt: der Fluss ist überall zugleich, am Ursprung und an der Mündung, am Wasserfall, an der Fähre, an der Stromschnelle, im Meer, im Gebirge, überall zugleich und es gibt nur die Gegenwart; wer mit dem Strom des Lebens einverstanden ist, hört auf mit dem Schicksal zu kämpfen, hört auf zu leiden [...]". „Und nun ist es genug", sagte Vasudeva, „lass mich gehen und lebe wohl, ich gehe in die Einheit [...]".
>
> *Hermann Hesse, Siddharta*

Und genauso können wir auch unser Leben erlebnisorientiert oder ergebnisorientiert leben. Es gibt viele Menschen, die ihr Leben verwalten, also nur auf das Ergebnis schauen. Sie zählen die Tage bis zur Pensionierung und denken: „Und wenn ich dann pensioniert bin, dann bekommt meine Frau endlich den Hund, von dem sie schon so viele Jahre träumt. Wenn ich pensioniert bin, dann werde ich mit meiner Frau die lang ersehnte Fernreise machen." Aber genau dann kann es eben zu spät sein, denn uns sind im Leben lediglich 30.000 Tage geschenkt – wenn wir Glück haben. Viele Menschen versterben nach einem arbeitsreichen Leben ein halbes Jahr nach der Pensionierung, weil sie vergessen haben, zu leben und ihr Leben zu genießen. Also schieben Sie nicht Ihre Träume und Ziele auf morgen, sondern fangen Sie heute an, diese zu verwirklichen. Erlebnisorientiert zu leben bedeutet, dass das Leben rauf und runter geht, wir jeden Tag aufs Neue Probleme lösen müssen und uns manchmal himmelhochjauchzend oder zu Tode betrübt fühlen. Aber so ist das Leben nun einmal. Das Leben ist immer im Jetzt. Leben ist wie Zeichnen ohne Radiergummi.

Eine der wichtigsten Kraftquellen und Ressourcen in uns sind unsere Erinnerungen an Erfolge. Erinnern Sie sich noch an einen Lehrer, der zu Ihrer Entwicklung beigetragen hat? Können Sie sich an einen Freund oder eine Freundin erinnern, die Ihnen geholfen hat, als es Ihnen so richtig schlecht ging? Können Sie sich an einen Menschen erinnern, der Ihnen Mal das Gefühl gegeben hat, etwas ganz Besonderes zu sein? Können Sie sich an Menschen erinnern, mit denen Sie gerne Ihre Zeit verbringen? Menschen, die für Ihr Leben wichtig sind, haben nicht das meiste Geld, sind nicht prominent. Es sind die Menschen, denen Sie etwas bedeuten, die sich um Sie kümmern, egal, wie es Ihnen geht. Diese Menschen halten immer zu Ihnen.

Genießen Sie das Leben und genießen Sie es gründlich!

© Liane Metzler

Tot oder lebendig?

Es geschah vor sehr langer Zeit und ich kann mich nicht genau daran erinnern, wo es war und wann es geschehen ist. Ich kann noch nicht einmal sagen, ob es ein Mann oder eine Frau war, der das widerfahren ist, aber weil ich ein Mann bin, sage ich einfach einmal, es war eine Frau, der es passiert ist.

Es gab vor langer Zeit einmal eine Frau, die sehr berühmt dafür war, dass sie auf jede Frage, die man ihr gestellt hat, immer eine passende und hilfreiche Antwort wusste. Wie es so ist, wenn man in einem Bereich sehr erfolgreich ist, dann gibt es immer sehr schnell Neider, die einem den Erfolg nicht gönnen. Und so gab es in diesem Fall der jungen Frau auch einen Mann, der sagte: „Es kann doch nicht wahr sein, dass diese Frau auf jede Frage, die man ihr stellt, immer eine Antwort weiß. Ich muss ihr einmal beweisen, dass sie die Unwahrheit spricht, einmal beweisen, dass sie lügt und dadurch, dass ich ihr das nachweise, werde ich dann selbst berühmt."

Daraufhin hat der Mann sich dann einen Plan ausgedacht, hat sich überlegt, irgendwann komme die Frau zu ihm hier in die Stadt, dann werde er auch dort hingehen, er werde einen kleinen Vogel mitnehmen, werde diesen in die Hände nehmen, sich vor die Frau hinstellen und fragen „Sagen Sie mal, ist das, was ich hier in meinen Händen halte, tot oder lebendig?"

Würde die Frau sagen, dass es lebendig sei, dann würde er die Hände einmal feste zudrücken und öffnen. Alle Welt würde sehen, der kleine Vogel ist tot und die Frau hat die Unwahrheit gesagt. Würde die Frau sagen, das ist tot, was Sie in den Händen halten, würde der Mann die Hände öffnen, der Vogel würde aus seinen Händen fliegen und auch dann würde die Welt sehen, dass die Frau die Unwahrheit gesprochen hat. Das war sein Plan und es kam, wie es kommen musste. Eines Tages war die Frau bei ihm in der Stadt, Menschen standen in langer Schlange, stellten ihre Fragen, bekamen Antworten und dann war der junge Mann an der Reihe. Er griff in seine Tasche, nahm diesen kleinen Vogel in seine Hände, stellte sich vor die Frau hin und fragte sie „Sagen Sie mal, ist das, was ich hier in meinen Händen halte, tot oder lebendig?" Die Frau schaute ihn eine Weile an und antwortete:

„Die Antwort liegt ganz allein in Ihren Händen."

Literatur

Bongartz, W.: Hypnosetherapie. Göttingen 2000.

Duden: Das Herkunftswörterbuch. Etymologie der deutschen Sprache, Band 7. Mannheim 1989.

Duden: Redewendungen, Band 11. Mannheim/Leipzig/Wien/Zürich 1997.

Faulstich, J.: Das heilende Bewusstsein. München 2008.

Flaßpöhler, S.: Verzeihen. Vom Umgang mit Schuld. München 2016.

Hesse, H.: Siddhartha. Berlin 1969.

Jönsson, B.: Zeit. Wie man ein verlorenes Gut zurückgewinnt. Köln 2000.

Lüdke, Chr./Lüdke, K.: Mahl Zeit für mich. Heidelberg 2014.

Lüdke, Chr.: Wer hat Stella & Tom die Angst gemopst? Heidelberg 2018.

Riemann, F.: Grundformen der Angst. Eine tiefenpsychologische Studie. München/Basel 2002.

Rosen, S.: Die Lehrgeschichten von Milton H. Erickson. Salzhausen 2011.

Schmid, G. B.: Selbstheilung durch Vorstellungskraft. Wien/New York 2010.

Adressen

Bundespsychotherapeutenkammer BPtK

Arbeitsgemeinschaft der Landeskammern der Psychologischen Psychotherapeutinnen und Psychotherapeuten und der Kinder- und Jugendlichenpsychotherapeuten. Seit 2018 gehören der BPtK alle zwölf Landespsychotherapeutenkammern an. Die BPtK vertritt auf Bundesebene die Interessen von rund 45.000 Psychologischen Psychotherapeuten und Kinder- und Jugendlichenpsychotherapeuten.

Klosterstraße 64
10179 Berlin
Tel.: 0 30 / 27 87 85 - 0
Fax: 0 30 / 27 87 85 - 44
E-Mail: info@bptk.de
Web: www.bptk.de

Deutsche Gesellschaft für Hypnose und Hypnotherapie e. V.

Daruper Straße 14
48653 Coesfeld
Tel.: 0 25 41 / 88 07 60
E-Mail: DGH-Geschaeftsstelle@t-online.de
Web: https://dgh-hypnose.de/

TERAPON Consulting GmbH

Psychologische Akutintervention nach belastenden Ereignissen
schnelle Hilfe vor Ort/bundesweites Expertennetzwerk
egal wo/egal wann/rund um die Uhr 25/8

Wilhelm-Beckmann-Straße 7
Tel.: 02 01 / 2 78 84 64
45307 Essen
E-Mail: info@terapon.de
Web: www.terapon.de

Über die Autoren

Ihre Probleme möchten wir haben!

Das ist wirklich so gemeint, wie wir es sagen, denn es sind unsere Berufe, in denen wir aus Problemen Lösungen machen. *Ratschläge fühlen sich oft an wie nasse Socken. Das ist nicht schön.* Daher wollen wir Ihnen auch keine Ratschläge erteilen. Wir möchten Ihnen gerne Auskunft und Einblicke in unsere Arbeit mit Menschen geben. Menschen sind Problemlöser. Nur Probleme, die wir nicht lösen können, machen uns psychisch krank. Von diesen Problemen sollten wir uns abwenden. Psychische Störungen sind immer Beziehungsstörungen. Manchmal auch zu sich selbst. Und da können wir direkt beginnen: Fangen Sie heute noch damit an, mit sich selbst befreundet zu sein. Denken Sie positiv, nutzen Sie die Kraft ihrer Fantasie und finden Sie das Gute im Schlechten. *Machen Sie aus Problemen Lösungen!*

„Und du sollst eine Zeit in der Vergangenheit wählen, als du noch ein sehr, sehr kleines Kind warst. Und meine Stimme wird zur Stimme deiner Eltern, Nachbarn, deiner Freunde und Schulkameraden, der Spielkameraden und der Lehrer werden. Und ich möchte, dass du dich selbst in einem Klassenzimmer sitzend wiederfindest, ein kleines Kind, das über etwas sehr glücklich ist, etwas, was vor langer Zeit geschah und was du schon vor langer Zeit vergessen hast."

Milton H. Erickson

Gezeiten der Liebe

Wenn man jemanden liebt, so liebt man ihn nicht die ganze Zeit, nicht Stunde um Stunde auf die ganz gleiche Weise. Das ist unmöglich.

Es wäre sogar eine Lüge, wollte man diesen Eindruck erwecken.

Und doch ist es genau das, was die meisten von uns fordern.

Wir haben so wenig Vertrauen in die Gezeiten des Lebens, der Liebe, der Beziehungen. Wir jubeln der steigenden Flut entgegen und wehren uns erschrocken gegen die Ebbe. Wir haben Angst, sie würde nie wiederkehren. Wir verlangen Beständigkeit, Haltbarkeit und Fortdauer; und die einzig mögliche Fortdauer des Lebens wie der Liebe liegt im Wachstum, im täglichen Auf und Ab – in der Freiheit; einer Freiheit, im Sinne von Tänzern, die sich kaum berühren und doch Partner in der gleichen Bewegung sind.

Anne Morrow Lindbergh

© Christian Lüdke

© Liane Metzler

Christian Lüdke

Dr. phil. Jahrgang 1960, ist approbierter Kinder- und Jugendlichenpsychotherapeut und Klinischer Hypnotherapeut (Deutsche Gesellschaft für Hypnose und Hypnotherapie) und Geschäftsführer der Terapon Consulting GmbH (www.terapon.de). Er ist erfahrener Experte für akutes Krisenmanagement und die Behandlung von Ängsten und Traumata und in Funk und Fernsehen ein gefragter Interviewpartner. Vor elf Jahren hat er bereits die erfolgreiche Erstauflage „Wenn die Seele brennt" herausgebracht. Weitere Bücher sind u. a.: „Mahl Zeit für mich" und „Wer hat Stella & Tom die Angst gemopst?". Er hat die erste präventive und zertifizierte Onlinetherapie in Deutschland entwickelt (www.terapi.de), die von allen Krankenkassen anerkannt ist.

© Liane Metzler

Kerstin Lüdke

Dr. phil. Jahrgang 1970, ist Kriminaldirektorin, Verkehrsüberwachungs- und Unfallaufnahmetechnologie, Polizeitechnisches Institut, Deutsche Hochschule der Polizei. Sie ist Autorin der Bücher „Psycho-Infarkt" und „Mahl Zeit für mich" und zahlreicher psychologischer Fachartikel wie „Traumarespektiver Umgang mit Opfern im polizeilichen Ermittlungsverfahren".

Die Gedanken sind frei

Wer sagt denn, dass man irgendetwas zu Ende bringen muss? Hör niemals auf, anzufangen. Fang niemals an, aufzuhören. Nichts ist wirklich jemals zu Ende, solange wir leben. Und wenn dieses Buch jetzt gleich zu Ende gehen wird, dann wird es nicht zu Ende sein. Denn alles das, was Sie gelernt und sich in Ihrer Fantasie beim Lesen vorgestellt haben, darf schon ganz bald in Ihrem Leben Wirklichkeit werden.

> **»** Das Beste an der Zukunft ist, dass sie immer nur einen Tag nach dem anderen kommt und nicht alles auf einmal serviert wird.
>
> *Abraham Lincoln*

Danke sagen tut nicht weh! Wir danken Ihnen, all unseren Leserinnen und Lesern, für die Mühe, die Sie uns bereitet haben!

Danke unseren Familien und Freunden. Wenn ihr euch mal für einen Augenblick mit unseren Augen betrachten könntet, dann wüsstet ihr, was für wundervolle und liebenswerte Menschen ihr seid.

Sagen Sie doch auch mal wieder Danke. Wem? Ihrem Leben! Erlauben Sie sich für einen Augenblick, eine ganz tiefe Dankbarkeit wahrzunehmen, eine ganz tiefe Dankbarkeit dem Leben gegenüber, und dem gegenüber ...

- ... was Sie aus Ihrem Leben machen *können*,
- ... was Sie aus Ihrem Leben machen *wollen*
- ... und was Sie aus Ihrem Leben *machen werden*.

Krisen kommen nur im Leben vor und können es sogar anregen.

Übrigens: Tiere und Humor sind ganz wunderbare therapeutische Begleiter!

Nur eine Frage...

Eine kleine Frage entscheidet mit, wie hoch Ihr Herzinfarktrisiko ist und diese Frage finden Sie in keinem Anamnesebogen:

Fühlen Sie sich geliebt?